L'Ancienne Liturgie Gallicane

SON ORIGINE ET SA FORMATION

AUX Vᵉ ET VIᵉ SIÈCLES

Sous l'influence de Cassien et de Saint Césaire d'Arles

En Appendice :

ÉTUDE BIOGRAPHIQUE SUR JEAN CASSIEN DE SERTA

Abbé de Saint-Victor de Marseille
Premier législateur du monachisme en Occident

PAR

Le P. J.-B. THIBAUT

des Augustins de l'Assomption

> " *Non enim pro locis res, sed pro rebus loca nobis amanda sunt.* "
>
> (S Greg. Mag. Epist., XI, 64.)

PARIS

MAISON DE LA BONNE PRESSE

5, RUE BAYARD, 5

L'ancienne Liturgie Gallicane

OUVRAGES DU MÊME AUTEUR

Origine byzantine de la Notation neumatique de l'Eglise latine (Paris, Picard, 1907). Prix net : 75 francs. — Ouvrage couronné par l'Académie des inscriptions et belles-lettres (*prix Saintour*).

Panégyrique de l'Immaculée dans les chants hymnographiques de la liturgie grecque (Paris, Picard, 1909). Prix net : 5o francs. — Ouvrage donnant la traduction de nombreuses mélodies grecques en notation musicale moderne.

La Notation musicale, son origine, son évolution (Saint-Pétersbourg, 1912). Prix net : 25 francs.

Monuments de la Notation ekphonétique et neumatique de l'Eglise latine. — *Exposé documentaire des anciens Manuscrits de Corbie, de Saint-Germain-des-Prés et de Pologne, conservés à la Bibliothèque impériale de Saint-Pétersbourg* (Saint-Pétersbourg, 1912). Prix net : 75o francs.

Monuments de la Notation ekphonétique et hagiopolite de l'Eglise grecque. — *Exposé documentaire des Manuscrits de Jérusalem, du Sinaï et de l'Athos, conservés à la Bibliothèque impériale de Saint-Pétersbourg* (Saint-Pétersbourg, 1913). Prix net : 75o francs. — Cet ouvrage a été honoré, en 1914, de la médaille d'argent de la Société pour l'avancement des études grecques en France.

Le « Pater » *Méditations inédites de Bossuet.* Ouvrage illustré de 8 gravures de Rembrandt (Saint-Pétersbourg, 1913). Prix net : 15 francs.

(Le dépôt de ces quatre derniers ouvrages est momentanément consigné à Leningrad.)

La Liturgie Romaine. — *La liturgie primitive et le grand Hallel. — Liturgie romaine grecque. — Liturgie romano-africaine. — Liturgie romaine latine* (Paris, Bonne Presse, 1925). Prix net : 5 francs, port en sus.

Ordre des offices de la Semaine Sainte à Jérusalem, du IVe au Xe siècle, *étude de liturgie et de topographie palestiniennes.* (Paris, Bonne Presse, 1926). Prix net : 5 francs, port en sus.

L'Ancienne Liturgie Gallicane

SON ORIGINE ET SA FORMATION EN PROVENCE

AUX Ve ET VIe SIÈCLES

Sous l'influence de Cassien et de Saint Césaire d'Arles

En Appendice :

ÉTUDE BIOGRAPHIQUE SUR JEAN CASSIEN DE SERTA

Abbé de Saint-Victor de Marseille
Premier législateur du monachisme en Occident

PAR

Le P. J.-B. THIBAUT

des Augustins de l'Assomption

*" Non enim pro locis res, sed pro rebus
loca nobis amanda sunt. "*
(S Greg. Mag. Epist., xi, 64.)

PARIS

MAISON DE LA BONNE PRESSE

5, RUE BAYARD, 5

INSIGNI GALLIAE CLERO

ECCLESIAE DECUS HONOR

A. D.

I

RECHERCHES SUR LA LITURGIE GALLICANE

ÉTAT DE LA QUESTION

Un fait extrêmement remarquable et qui déconcerte encore aujourd'hui les historiens, c'est l'apparition soudaine, au début du vi° siècle, dans les Gaules, en Espagne, en Irlande et en Grande Bretagne, d'une liturgie latine différente de celle de Rome, non dans le fond, mais dans la forme, en ce qu'elle comporte dans son économie intérieure une ordonnance singulière avec adjonction de certains éléments supplémentaires empruntés pour la plupart aux liturgies orientales. Quelle est donc la raison de ce fait? Les liturgies gallicane, celtique, anglo-saxonne et wisigothique tirent-elles en droite ligne leur origine de l'Orient, ou bien se ramènent-elles au type romain subitement amplifié et paré, au début du vi° siècle, d'un éclat emprunté aux rites pompeux des Églises d'Asie? Problème épineux autant que délicat, dont la résolution semble devoir être d'une portée considérable sous le double rapport de la liturgie et de l'histoire.

Il importe tout d'abord de marquer les positions actuelles des critiques sur la question d'origine de la liturgie gallicane, en soumettant à un examen sévère les solutions diverses proposées par eux. Nous prendrons utilement occasion de cette analyse pour énoncer notre propre thèse, quitte à l'établir d'une manière plus complète dans la suite de cette étude.

Actuellement nous sommes en présence de trois théories :
1° Les liturgistes et théologiens anglicans, à la suite de Palmer (1) et Warren (2), soutiennent avec ténacité que les liturgies occidentales du type gallican accusent une origine orientale (3), que leur

---

(1) PALMER, *Origines liturgicae*, I, p. 153 (éd. 1839).
(2) WARREN, *Liturgy and ritual of the celtic Church*. Oxford, 1881.
(3) Dom Guéranger, en France, a également soutenu, à la suite de Mabillon et de Lebrun, l'origine orientale de la liturgie gallicane : *Inst. liturg.*, 2° éd. t. I, p. 193.

centre de ralliement est Lyon, qui tenait ses us et coutumes de l'Église d'Éphèse « fondée par Paul, où Jean séjourna jusqu'à l'époque de Trajan, Église qui est aussi un témoin véritable de la tradition des apôtres » (1). De Lyon, le rite gallican a rayonné en Espagne, à Milan, en Irlande et en Grande-Bretagne.

Mgr Duchesne déclare ce système insoutenable. « La liturgie galli-cane, dit-il, en tant que distincte de la liturgie romaine, est quelque chose de très compliqué et de très précis dans sa complication. Elle suppose des rites nombreux et variés, disposés dans un ordre cer-tain ; elle comporte des formules identiques de thème et de style, quelquefois de teneur. Elle est très loin de ces formes simples et encore flottantes que l'on constate ou que l'on doit supposer dans la liturgie du iie siècle. Son développement correspond, à tout le moins, au ive siècle. Il est plus avancé que celui des *Constitutions apostoliques*. Son importation et sa propagation en Occident ne peuvent être placées au iie siècle ; nous sommes ici en présence d'un fait qui s'est accompli au plus tôt vers le milieu du ive siècle. » (2

Cette réfutation, tout en paraissant des mieux fondée, ne laisse pas que d'appeler certaines réserves et une plus exacte mise au point. En principe, comme l'observe par ailleurs Mgr Duchesne « tous les documents qui nous restent sur l'antique chrétienté de Lyon s'accordent à nous la montrer en rapports étroits et fréquents avec l'Église de Rome. Rien ne prouve que son premier fondateur ait été un Asiate plutôt qu'un Romain. Même en le supposant Asiate, il est fort possible qu'il ait d'abord vécu à Rome et qu'il y ait reçu sa mission » (3). De plus, selon toute probabilité, au déclin du iie siècle, l'ordre essentiel simple, mais fermement établi de la liturgie chrétienne était encore partout le même et tel qu'il nous a été exposé à plusieurs reprises par saint Justin dans sa *Ire Apologie* exposé dont saint Irénée s'est manifestement inspiré au livre IV chapitre xviii, 4-5, de son *Adversus Haereses*, où il oppose la doc-trine catholique sur le sacrifice pur de l'Église aux théories falla-cieuses des gnostiques.

L'ordre primitif et apostolique de l'oblation du Saint Sacrifice tout en restant substantiellement le même dans ses parties essen-tielles, ne laissa pas cependant, de recevoir au cours des âges dans les différentes Églises de l'Orient et de l'Occident, quelques

---

(1) Ἀλλὰ καὶ ἡ ἐν Ἐφέσῳ ἐκκλησία... μάρτυς ἀληθής ἐστιν τῆς τῶν ἀποστόλω παραδόσεως. IRÉNÉE, III, iii, 4. Cité par EUSÈBE, *H. E.*, l. III, ch. xxiii, 4.
(2) Mgr L. Duchesne, *Les origines du culte chrétien*, 3e éd., p. 90.
(3) *Ibid.*, p. 86-87, en note.

modifications accidentelles jointes au développement légitime des
cérémonies qui accompagnent le ministère des autels et l'adminis-
tration des sacrements.

La plus ancienne attestation de l'existence de certaines particularités liturgiques opposées aux usages romains, et qui sont tout à fait
caractéristiques de l'usage qu'on est convenu d'appeler gallican,
nous est fournie par le Pape Innocent Ier dans sa lettre à Decentius
évêque d'Eugubium en Ombrie, lettre qui est de l'année 416. Etant
donnée la nature de ces particularités rituelles, on ne peut en faire
remonter l'origine au delà de l'époque assignée à la rédaction des
canons du Concile d'ailleurs inconnu de Laodicée en Phrygie, rédaction qui n'est pas antérieure à 381. A son premier stade de formation, la liturgie gallicane n'a rien de très compliqué, bien que son
développement soit, en effet, plus avancé que celui des *Constitutions apostoliques*. Elle n'accuse alors, nous le verrons, que cinq
traits caractéristiques : 1. la psalmodie avec prières intercalaires;
2. la leçon prophétique; 3. la prière pour le peuple avant l'Offertoire; 4. la lecture des diptyques; 5. la communication du baiser de
paix avant le canon eucharistique. Or, il est impossible que ces
particurités proviennent à cette époque d'un foyer latin, partant, la
question de l'origine orientale, voire même éphésienne de la liturgie
gallicane, reste toujours ouverte. En un temps si fertile en découvertes dans le domaine des sciences ecclésiastiques, il n'est pas
impossible, en effet, que l'on puisse signaler l'existence d'une
ancienne liturgie en usage autrefois dans l'église d'Éphèse métropole de la province d'Asie, liturgie ayant tels et tels caractères qui
sont précisément ceux que l'on remarque avec le plus d'intérêt dans
les liturgies gallicanes. Cette question principale une fois résolue,
il nous faudra encore rechercher quelque part en Occident, un centre
d'expansion du rite gallican autre que Lyon dont le rayonnement
ecclésiastique, aux ive et ve siècles fut à peu près nul au delà des
limites de la *Lugdunensis I* (1).

---

(1) Si l'Eglise de Lyon n'a pas eu l'honneur d'être le berceau de la liturgie
gallicane, elle peut du moins se faire un mérite d'avoir conservé le plus fidèlement jusqu'à nos jours, la liturgie Romano-franque de l'époque carolingienne,
Le cardinal Sevin, de sainte mémoire, m'ayant, par occasion, invité à assister
à une messe pontificale suivant le rite lyonnais, j'ai pu constater *de visu*, que la
disposition de cette messe solennelle, hormis le rite de la bénédiction avant le
Pater, était absolument conforme à l'*Ordo* de la messe papale reproduit dans un
manuscrit latin du viiie siècle, découvert en Belgique, en 1913, par Dom A. Staerk,
O. S. B., qui a eu l'extrême obligeance de me le communiquer. La publication
de ce précieux document a été malheureusement retardée par le fait de la guerre.
je ne sache pas qu'elle ait été réalisée depuis

2º Pour M⁰ʳ Duchesne, dont la principale préoccupation fut de rendre raison tout d'abord de la rapide expansion du rite gallican sur tout l'Occident transalpin, le foyer de ce développement doit être placé à Milan. « En groupant, dit-il, les pays transalpins avec Milan, je suppose implicitement l'identité de la liturgie ambrosienne et de la liturgie gallicane. » Afin de justifier cette pétition de principe, l'auteur prend bien soin d'ajouter : « En ce qui regarde la liturgie ambrosienne, elle est sans doute, dans son état actuel, très différente des autres types de la liturgie gallicane ; mais on ne doit pas perdre de vue que, depuis des siècles, elle a été sans cesse modifiée et progressivement conformée à la liturgie romaine. » (1) Malheureusement, les faits allégués par M⁰ʳ Duchesne à l'appui d'une telle affirmation au cours de son exposition comparative des rites gallicans, ne sont nullement probants, même en ce qui concerne l'adoption plus ou moins tardive du canon grégorien. En réalité, l'étude critique des éléments primitifs de l'avant-messe ambrosienne démontre, à elle seule, que cette liturgie est des plus vénérables par l'antiquité de ses origines, du fait qu'elle a maintenu dans son intégrité quasi absolue l'ordre de la messe brève indiqué au II⁰ livre des *Constitutions apostoliques*. Ce livre, on le sait, dépend de la *Didascalie des apôtres* (ch. xi, xii), œuvre capitale dont je me suis efforcé de lever l'anonymat en l'identifiant, sans conteste d'ailleurs, avec le célèbre traité *Sur les charismes* de saint Hippolyte de Rome (2).

L'étroite correspondance des éléments rituels de l'avant-messe ambrosienne avec ceux de la liturgie du II⁰ livre des *Constitutions apostoliques* sera dûment établie en son lieu. Qu'il nous suffise, pour l'instant, d'en donner une preuve évidente à l'aide du tableau comparatif suivant :

LITURGIE DU II⁰ LIVRE DES CONSTITUTIONS APOSTOLIQUES	LITURGIE AMBROSIENNE AU IV⁰ SIÈCLE
1. Lectures de l'anc. Testament.	Leçon prophétique.
2. Chant responsorial des psaumes.	Chant d'un psaume *(Psallenda)*.
3. Lecture des Epîtres aposto- liques.	Epître.
4. Lecture de l'Evangile.	Evangile.
5. Homélies des prêtres et de l'évêque.	Homélie.

(1) M⁰ʳ Duchesne, *op. cit.*, p. 88-89.
(2) P. J.-B. Thibaut, *La Liturgie romaine*. Paris, 1924, p. 57-75.

6. Renvoi des catéchumènes et des pénitents.	Renvoi des catéchumènes.
7. Prière générale de toute l'assemblée tournée vers l'Orient.	Prière secrète *(Oratio super sindonem)*.
8. Présentation des oblats sur l'autel.	Offertoire.
9. Baiser de paix.	. . . .
10. Prière catholique avec monitions diaconales.	Prières sacerdotales.
11. Bénédiction de l'évêque.	. . . .
12. Prière eucharistique.	Canon eucharistique.

Au ivᵉ siècle, la liturgie de l'Église de Milan ne possède donc, hormis la leçon prophétique, aucun des autres traits caractéristiques signalés plus haut, dans la liturgie gallicane ; de même, elle ne comporte à cette époque aucun élément rituel emprunté à la pompe religieuse des Églises orientales, malgré l'action soi-disant exercée pendant près de vingt ans (355-374) par l'évêque cappadocien Auxence, désigné par l'empereur Constance pour occuper le siège de saint Denis, exilé pour la foi catholique. On ne saurait nier que Milan ait joui à cette époque d'une situation prééminente dans le domaine des relations ecclésiastiques occidentales, mais cette situation s'est produite trop tôt. Ce n'est pas, nous le verrons, au ivᵉ siècle, mais vers la fin du vᵉ et surtout au début du viᵉ, que la liturgie gallicane est arrivée au développement qu'elle avait quand elle s'est répandue dans tout l'Occident. Comme l'observe du reste Mgr Duchesne, « la grande situation politique de la ville de Milan ne se soutint pas au delà des premières années du vᵉ siècle ; l'éclat de son siège épiscopal baissa en même temps » (1). Reste donc à chercher ailleurs le foyer d'un rayonnement ecclésiastique assez intense pour se faire sentir dans toutes les Gaules et au delà des Pyrénées et de la Manche.

Dans une note fort suggestive, Mgr Duchesne émet cet avis : « On pourrait songer à Arles qui a joui d'une très grande situation ecclésiastique au vᵉ et au viᵉ siècle. » Ce disant, l'auteur était dans la bonne voie, que ne s'y est-il maintenu ! « Arles est venu assez tôt, ajoute-t-il, pour être en Gaule le foyer du droit ecclésiastique. J'ai montré *(Fastes ép.*, t. I, p. 141) que presque tous les *libri canonum* en usage dans la Gaule mérovingienne dérivent de ceux de l'église d'Arles. Quant à la liturgie, c'est autre chose. » (2) Mais pas du tout, les actes des Conciles en font foi, le développement des institutions

---

(1) *Op. cit.*, p. 95.
(2) *Ibid.*. p. 91, en note.

liturgiques est allé de pair à cette époque avec celui des institutions canoniques.

M⟨gr⟩ Duchesne a très bien marqué dans les lignes suivantes quelle était la situation politique de l'antique métropole d'Arles du iv⟨e⟩ au vi⟨e⟩ siècle. « Sous le Pape Zosime, successeur d'Innocent, la primatie de Milan reçut un coup qui, bien qu'indirect, n'en fut pas moins décisif. Je veux parler de la fondation d'un vicariat apostolique des Gaules, rattaché au siège épiscopal d'Arles. Le progrès incessant des invasions germaniques avait fait abandonner, ou à peu près, le grand établissement romain de Trèves. Les fonctionnaires supérieurs et les bureaux s'étaient repliés sur la vallée du Rhône. Arles, depuis longtemps florissante, choyée par les empereurs de la famille constantinienne, avantageusement située entre les Gaules, l'Espagne et l'Italie, devenait désormais la résidence du préfet du prétoire et de toutes les administrations supérieures des provinces ultramontaines. » (1)

En 513, le pape Symmaque confirma saint Césaire d'Arles dans la possession de son titre de métropolitain et l'honora même tout le premier, de l'insigne du pallium (3), concession qui se renouvela pour ses successeurs en témoignage de la juridiction supérieure qui leur venait de Rome.

Cependant, la situation politique d'Arles ne suffit pas à elle seule à rendre raison du rayonnement de la liturgie gallicane dans toutes les Églises de l'Occident transalpin. Ce rayonnement n'a pu s'étendre avec l'intensité et la rapidité que l'on sait, sans l'appui des évêques et celui des grands monastères nouvellement institués sur le sol fertile des Gaules. Par le fait, des premières années du v⟨e⟩ siècle à la mort de saint Césaire (543), Arles bénéficia d'un tel concours qui lui vint des deux monastères provençaux de Lérins et de Saint-Victor de Marseille.

De Lérins, véritable séminaire d'évêques en même temps que pépinière de savants, sont sortis les archevêques d'Arles saint Honorat, saint Hilaire, saint Césaire qu'on a justement appelé le « précepteur de l'Eglise franque » (3), le grand archevêque de Lyon saint Eucher, saint Loup, évêque de Troyes, qui fut envoyé en mission en Grande-Bretagne en compagnie de saint Germain d'Auxerre,

---

(1) *Ibid.*, p. 38.

(2) *Vita s. Cæsarii*, 3o : « Papa Symmachus tanta meritorum eius dignitate permotus, non solum verissime eum metropolitanæ honore suspexit, sed et concesso specialiter pallii decoravit privilegio. »

(3) *Paul Lejay, Le rôle théologique de Césaire d'Arles. Rev. d'hist. et de litt. rre. 1905, t. X, p. 616.*

Valérien, évêque de Cimiez près de Nice, saint Maxime et Fauste de Riez, etc. L'île bienheureuse devait encore donner à la Gaule et à l'Église des écrivains remarquables qui ont illuminé tout le v° siècle de leur renommée. Tel fut en première ligne le moine Vincent de Lérins, l'auteur du célèbre *Commonitorium*, qui définit les critères de la foi catholique, le moine Evagrius et le prêtre Salvien, l'homme le plus éloquent de son siècle après saint Augustin, et salué par Gennadius du titre de maître des évêques *(episcoporum magister)* en même temps qu'il lui attribue la composition d'un grand nombre d'homélies liturgiques *(homilias sacramentorum)*.

La seconde métropole monastique est l'abbaye de Saint-Victor de Marseille, fondée vers 410 par Jean Cassien. Cet illustre personnage était originaire non de la Provence ou de la petite Scythie, suivant les opinions diverses émises par les savants, mais bien de la ville de *Serta* en Gordyène, ainsi que nous aurons lieu de l'établir dans une étude spéciale à la fin de cet ouvrage. Dès son jeune âge, Cassien s'initia à la vie cénobitique dans un monastère de Bethléem situé près de la grotte de la Nativité. C'est de là, qu'avec l'assentiment de ses supérieurs, il entreprit, vers 390, des voyages en Égypte pour y visiter les solitaires de la Thébaïde, dont il devait plus tard décrire le genre de vie et rapporter la doctrine dans ses *Institutions* et ses *Conférences*, deux ouvrages fameux qui l'ont fait considérer comme le Père du monachisme dans les Gaules.

Avant d'aller plus loin dans l'exposé de cette thèse dont toute la suite de ce travail montrera l'excellence, poursuivons notre examen critique des divers systèmes proposés par des liturgistes en renom pour expliquer la genèse de la messe gallicane.

3° Les tenants de la troisième opinion persistent également à soutenir que les liturgies latines de l'Occident se ramènent toutes à un même type gallican auquel on ne saurait attribuer une origine éphésienne, mais pour eux, le centre de ralliement de tous ces rites homogènes n'est pas l'antique métropole de Milan, qui fut un moment le siège de l'empire au iv° siècle, mais Rome, centre de la catholicité.

Comme telle, cette thèse est insoutenable et véritablement paradoxale. Le rite milanais ne saurait en aucune façon être ramené au gallican, par ailleurs, la dualité du rite gallican et du rite romain est de tout point manifeste. Mais aussi bien, l'usage gallican qui n'apparaît au grand jour qu'à l'époque mérovingienne, est-il ancien ? Est-on en droit de l'identifier avec l'usage gallo-romain ? Quels sont les rapports et les analogies que l'on peut établir entre ce dernier et les autres liturgies latines, à commencer par celle de Rome ? Voilà, ce nous semble, les questions qu'il eût fallu tout d'abord agiter. Certes, elles ne sont pas faciles à résoudre, car d'une part, bien rares sont les données positives qui nous restent sur le véritable état de la messe gallo-romaine aux ive et ve siècles; et de l'autre, nous ne possédons sur la liturgie romaine qu'un très petit nombre de documents authentiques antérieurs au ive siècle, à savoir : les prescriptions rituelles inscrites dans la *Didascalie des apôtres*, attribuée par nous à saint Hippolyte de Rome, et la majeure partie du texte même du canon eucharistique conservé dans les *Statuts des apôtres* et dans les canons de Vérone identifiés par Dom Hugues Connolly, O. S. B., avec la *Tradition apostolique* du même Hippolyte (1). Ajoutons encore à ces pièces détachées, et ce sera tout, un précieux extrait du *De Sacramentis*, ouvrage faussement attribué à saint Ambroise, et que l'on croit être d'un évêque de l'Italie septentrionale vers l'an 400. L'évêque a inséré dans son traité le texte de la majeure partie du canon de la messe qui est indubitablement le même qu'à Rome, « Rome dont nous suivons en tout, dit-il, l'exemple et la règle » (1).

Ceci posé, afin d'ouvrir de nouveaux aperçus et d'écarter ainsi toute confusion de langage en établissant une distinction capitale entre la liturgie gallo-romaine et la liturgie gallicane de l'époque mérovingienne, examinons maintenant, de très près, quels sont les arguments invoqués par de doctes auteurs pour établir, malgré tout, l'identité de la liturgie gallicane proprement dite avec celle de Rome.

Le Dr Probst, pour rendre raison des principales divergences qui subsistent entre les liturgies du type gallican et la messe romaine dans la disposition interne de leurs éléments les plus caractéristiques, avance, en particulier, que la place des diptyques dans les liturgies gallicanes a été modifiée, et que, somme toute, le rite gallican n'est autre chose que l'ancien rite romain réformé à Rome même au ive siècle par le Pape Damase (2). Malheureusement, objecte à ce sujet Mgr Duchesne, « ni pour Damase, ni pour un autre, on ne produit de témoignage. La nouvelle hypothèse n'est pas mieux démontrée que la mienne. De plus, comment expliquer, dans ce système, que le Pape Innocent, loin de reconnaître l'usage ancien de son Église dans le rituel gallican, traite celui-ci d'importation étrangère

---

(1) Dom R. Hugh Connolly, *The so-called Egyptian Church order and derived documents.* Collection *Texts and Studies*, VIII, 4. Cambridge, University Press, 1916.

(2) Pseudo-Ambros., *De sacramentis*, IV, 14, 21. Ce document me paraît plutôt être d'un évêque de l'Italie septentrionale, suffragant d'Aquilée vers le milieu du ve siècle.

(3) Probst, *Die abendlaendische Messe vom fünften bis zum achten Jarhundert.* Munster, 1896, p. 264 sq.

(aliunde acceptum exemplum)? » (1) L'argument est apodictique, inutile d'insister.

Dom Cagin, un des meilleurs liturgistes que nous ait donné Solesmes, tout en constatant l'inanité des assertions purement gratuites de Probst, jugea cependant, que l'on pouvait reprendre sur une autre base la défense de la même thèse, dont il poursuivit l'établissement définitif en se fondant sur l'étude des liturgies comparées.

Suivant cet auteur, les liturgies latines de type gallican, dont toutes les divergences ne sont qu'apparentes, n'ont, en dépit de certaines analogies superficielles, aucune parenté avec le type oriental. Voici du reste, d'après le résumé qu'en a donné Dom Cabrol, l'ensemble des observations et des conclusions par trop systématiques présentées par Dom Cagin pour soutenir son point de vue; nous verrons ensuite à en faire la critique.

« Les liturgies grecques orientales ont des formules invariables. Au premier aspect, ces liturgies sont d'une abondance qui semble confiner à la prolixité. Mais cette richesse apparente dissimule mal la pénurie des formules; elles s'épuisent en une seule fois. Il n'y a qu'une messe; deux, si l'on veut, mais c'est tout, cette messe est la même pour tous les jours de l'année. On pourrait désigner ce système sous le nom d'*eucologie uniforme.*

» Dans les liturgies de famille latine ou occidentale, se produit un phénomène tout contraire. Le cadre seul est invariable; les formules varient presque à l'infini. Les variantes des Collectes, des Secrètes, des Préfaces, des Postcommunions et des oraisons du canon sont si nombreuses qu'il faut un volume à part pour les contenir, le *Sacramentaire...* Le système latin ou occidental peut s'appeler l'*eucologie embolismique* (parce que les formules sont désignées sous le nom d'embolisme) ou si l'on veut, l'*eucologie variable...* (2) Or, l'on voit tout de suite que ce fait de la variabilité ou de l'invariabilité des formules est un fait caractéristique, un fait autrement important que la place du baiser de paix ou de la récitation des diptyques. C'est un système liturgique qui suppose des traditions, des habitudes de compositions différentes, qui entraîne avec lui une série de transformations et finit par modifier l'économie interne d'une liturgie. Aussi Dom Cagin, à qui revient l'honneur de l'avoir mis en pleine lumière, y voit-il le trait essentiel, le caractère distinctif sur lequel doit reposer

____

(1) Mgr Duchesne, *op. cit.*, p. 95, en note.
(2) Cette dernière dénomination est de beaucoup la meilleure; outre que le terme d'*embolisme* semble quelque peu prétentieux, il ne me paraît pas d'une justesse absolue : les prières variables des liturgies gallicanes n'ont rien par elles-mêmes d'intercalaire et d'irrégulier.

désormais la classification des liturgies ; d'un côté la famille des liturgies à eucologie uniforme, de l'autre, la famille des liturgies à eucologie variable. Du premier coup, nous arrivons avec ce système à ce résultat imprévu ; les liturgies orientales appartiennent à la première catégorie, les liturgies d'Occident se rattachent à la seconde, et, de ce chef, la liturgie romaine entre dans la famille des liturgies occidentales, car avec la liturgie mozarabe, la liturgie gallicane et la liturgie ambrosienne, elle est à eucologie embolismique. Le fait anormal de l'isolement de la liturgie romaine se trouve ainsi expliqué. » (1)

Ce bel exposé ne laisse pas que d'appeler de multiples et sérieuses réserves. Dom Cabrol, d'ailleurs, a grand soin de nous avertir qu'il n'est vrai que pour la période de développement liturgique qui a son point de départ au iv⁰ siècle. Jusque-là la liturgie aurait été soumise à une autre loi : celle de l'improvisation des formules eucologiques par le célébrant sur un thème traditionnel nettement défini. Affirmation courante et des plus erronées fondée sur une fausse interprétation de deux expressions employées par saint Justin auquel on fait dire : « Celui qui préside (l'assemblée) envoie en haut des prières et des eucharisties autant qu'il peut » à savoir « de toutes ses forces » et « abondamment » (2), c'est-à-dire le plus longtemps possible ! Expressions qui doivent se traduire ainsi : ὅσῃ δύναμις « de son mieux », et ἐπὶ πολὺ ποιεῖται « à un très haut degré », Justin voulant indiquer par là le caractère de la composition, le degré d'élévation du style qui doit être en rapport avec le sujet. De fait, tous les textes primitifs des prières eucharistiques, ou envois solennels (πομπαί = missae), ont été rédigés par les évêques dépositaires et corrèges de la liturgie en un style concis, toujours élevé ; ces mêmes textes ne furent plus développés suivant le plan canonique et constamment sur un ton noble qu'à partir de l'époque constantinienne. Cependant, à en croire Dom Cagin et Dom Cabrol, le iv⁰ siècle serait tout au contraire l'époque où la liberté individuelle de l'improvisation aurait fait place en Orient à la fixité d'une formule uniforme, tandis que l'Occident, entraîné par son esprit d'initiative en matière liturgique, aurait continué à improviser des oraisons et des Préfaces appropriées au développement des fêtes cardinales et sanctorales du cycle liturgique.

La prétendue immobilité des formules eucologiques des Églises

____

(1) Dom FERNAND CABROL, *Les origines liturgiques.* Paris, 1906, appendice I. p. 354-356.
(2) Saint JUSTIN, *Iʳᵉ Apologie*, ch. XIII, 1 ; ch. LXV, 3 ; ch. LXVII, 3.

orientales est, à vrai dire, une belle légende. Pour nous en tenir aux liturgies grecques, celle de saint Jacques, d'après la rédaction reçue de l'époque byzantine, ne correspond déjà plus exactement avec l'ordre indiqué par saint Cyrille de Jérusalem. La liturgie de saint Basile, tout en se modelant sur celle de saint Jacques, n'en est pas moins une modification de cette dernière entreprise au déclin du v⁰ siècle. Et que dire de la liturgie grecque de saint Marc, si remarquable par la disposition de la grande intercession, des mémoires des saints et des défunts au début du canon, et par la teneur antique de ces mêmes prières dont on sera bien surpris quelque jour, de connaître la provenance! Quant à la liturgie dite de saint Jean Chrysostome, qu'est-elle autre chose dans le fond, qu'une abréviation de la messe de saint Basile pratiquée en plein vIII⁰ siècle? D'autre part, ces mêmes liturgies ne laissent pas encore aujourd'hui de comporter des formules variables appropriées aux grandes solennités et aux commémoraisons sanctorales du cycle liturgique, à savoir les *tropaires* du jour, les *apolitikia* et *kondakia* indiqués pour chaque fête. Pour n'en citer qu'un exemple, pendant que tout l'Orient le jour de Pâques chante à l'envi au début de la messe le tropaire de la Résurrection Χριστὸς ἀνέστη ἐκ νεκρῶν (Le Christ est ressuscité d'entre les morts foulant aux pieds la mort par la mort, etc.), l'Occident redit ce même chant par la voix de ses prêtres dans la Préface de la messe pascale : *Qui mortem nostram moriendo destruxit et vitam resurgendo reparavit.* La distinction à établir porte donc plutôt sur la différence de système dans l'emploi des formules variables. Les Orientaux les ont très logiquement disposées dans l'avant-messe, et se sont interdit de rompre l'unité du « discours canonique » fondé sur le récit plus ou moins développé et circonstancié de la prédication évangélique ou *Credo* des apôtres, règle sacramentelle de la foi chrétienne. Chose curieuse, c'est l'Église romaine comme le remarquait déjà le pape Vigile (537-555) dans sa lettre à Profuturus de Braga en 538 (1) qui est restée en Occident la plus fidèle à l'esprit de la liturgie primitive en maintenant depuis le v⁰ siècle la fixité de son canon eucharistique, nonobstant l'adjonction des *capitula* du *Communicantes*, du *Hanc igitur* et du *Quam oblationem* aux fêtes cardinales, *capitula* qui rentrent dans l'ordre de la *Praedicatio canonis*.

Par ailleurs, comment ne pas tenir compte de la grande variété de textes liturgiques que l'on rencontre dans les diverses Églises orien-

---

(1) *Ep. ad Profuturum;* P. L. LXIX, 18.

tales, à commencer par les liturgies syriaques dont le nombre atteint la soixantaine ? Pourquoi négliger cette donnée précieuse que les tenants de l'origine éphésienne du rite gallican auraient bien dû retenir ! A tant faire que de se fonder sur l'étude des liturgies comparées, il est certes de bonne règle de les faire entrer toutes en lignes de comparaison. Comment ne pas tenir compte également de la différence qui règne entre les formules eucologiques de la liturgie romaine et celle des liturgies gallicanes sous le rapport de la composition littéraire ? « Avec un peu d'expérience, dit Mgr Duchesne, on distingue tout de suite une oraison gallicane d'une oraison romaine. Celles-ci sont courtes, d'un dessin à peu près uniforme (celui qui se révèle dans les inflexions du récitatif), enfin d'un style simple et clair. Dans les oraisons gallicanes, on trouve beaucoup plus de complications, le style est recherché, orné, imagé, les développements abondants. » (1) D'une part, la concision romaine, de l'autre, la prolixité orientale.

Une autre remarque bien mieux justifiée à mettre à l'actif de Dom Cagin est celle qui concerne l'emploi de la formule *qui pridie quam pateretur*, qui ouvre le récit mystérieux de l'institution eucharistique dans le canon romain. De fait, cette formule, à de rares exceptions près, est propre aux liturgies occidentales, tandis que les liturgies orientales adoptent invariablement la formule paulinienne : ἐν τῇ νύκτι ᾗ παρεδίδοτο, *in nocte in qua tradebatur*. Cette particularité est vraiment un précieux indice de l'harmonie préétablie entre toutes les liturgies occidentales et qui demeura constante jusqu'au début du ve siècle, époque probable où s'opéra insensiblement dans les monastères d'abord, puis dans les Églises gallo-romaines, l'introduction d'un ordre liturgique particulier calqué sur celui des Églises orientales.

Dans le but d'accentuer la différence qui subsiste entre le canon latin et l'anaphore orientale, Dom Cabrol affirme à son tour que « le *Post pridie* renferme des idées (notamment le *supra quae*) qui ne se retrouvent pas dans la liturgie grecque et qui forment un des caractères propres des liturgies latines » (2). A vrai dire, cette affirmation n'est pas exacte. Le thème épiclétique des oraisons corrélatives *Supra quae propitio* et *Supplices te rogamus* de la messe romaine a fort bien son équivalent dans la prière de l'épiclèse de la liturgie des *Constitutions apostoliques* : « Et nous te supplions, afin que tu jettes un regard favorable sur ces dons placés en ta présence, toi, à qui rien ne manque, ô Dieu, et que tu te complaises

____

(1) *Rev. d'hist. et de littérat.*, t. V, p. 40.
(2) Dom Cabrol, *op. cit.*, p. 363.

en eux en l'honneur de ton Christ (1) et d'envoyer sur ce sacrifice ton Saint-Esprit, témoin des souffrances du Seigneur Jésus. » Thème qui est encore souligné par cette monition du diacre invitant le peuple à s'unir d'esprit et de cœur à la supplication pontificale : « Prions Dieu par Jésus-Christ : Pour le don qui est offert au Seigneur notre Dieu; prions, afin que Dieu qui est bon, le reçoive par la médiation de son Christ sur son autel supracéleste, en odeur de suavité. » (2) Signalons encore à ce sujet la prière en forme d'épiclèse, transférée au v⁰ siècle, avant l'anaphore dans la liturgie grecque de saint Jacques, prière qui a son équivalent dans la liturgie de saint Basile : « Agréez-le (ce sacrifice) sur votre *saint, supracéleste et spirituel autel* en parfum d'agréable odeur et envoyez-nous en retour la grâce de votre Saint-Esprit. Oui, ô Dieu, *jetez un regard* sur nous et sur *ce culte raisonnable* que nous vous rendons, et *acceptez-le comme vous avez accepté les présents d'Abel*, les sacrifices de Noé... *acceptez* aussi dans votre bonté, *de nos mains à nous pécheurs*, ces dons offerts. *Faites que notre oblation soit acceptable, sanctifiée dans le Saint-Esprit*, en expiation de nos fautes et pour le repos de l'âme des défunts... » (3)

Force nous est également de récuser la surprenante pétition de principe par laquelle Dom Cabrol, à la suite de Dom Cagin, entend rendre raison de la divergence qui se manifeste entre la liturgie romaine et les liturgies gallicanes dans la disposition des diptyques des vivants et des morts. Celle-là place, on le sait, le *Memento* des vivants dans la première partie du canon et depuis le v⁰ ou vii⁰ siècle; celui des défunts à la fin; celles-ci fixent de concert la récitation de ces catalogues commémoratifs au terme de l'Offertoire, avant la Préface. Or, d'après les auteurs précités, il est à conjecturer que les diptyques, dans la messe romaine, ne sont pas à leur vraie place, parce qu'ils interrompent la suite logique et naturelle des prières du canon. Primitivement, ils étaient disposés, nous dit-on, comme dans les autres liturgies occidentales, avant la Préface. C'est plus tard, vers le v⁰ ou vi⁰ siècle, que se fit au romain cette translation, tandis que les autres liturgies latines, qui vivaient alors de leur vie propre, gardaient l'ancienne pratique. (4) Et Dom Cabrol de conclure à l'appui de la thèse solesmienne : « Bien loin donc de contredire le principe d'unité du type latin, ce fait vient le

---

(1) *Const. apost.*, VIII, 12. Cf. BRIGTHMAN, *Liturgies eastern and western*, p. 21.
(2) *Ibid.* (BRIGTHMAN, *op. cit.*, p. 23).
(3) BRIGTHMAN, *op. cit.*, p. 47.
(4) Dom F. CABROL, *Les origines liturgiques*, p. 360.

corroborer. » (1) Le malheur est que ce fait lui-même n'est nullement établi et ne saurait l'être.

La disposition particulière des diptyques à l'intérieur du canon dans la messe romaine, de même que dans celle d'Afrique dès le temps de saint Cyprien jusqu'à celui de saint Augustin, et aussi dans celle d'Espagne à l'époque du Concile d'Elvire (vers l'an 300), est adventice sans doute, mais elle reste en soi parfaitement naturelle et en pleine harmonie avec la composition interne de ce canon, le tout est de savoir le reconnaître (2). Quant à l'ordonnance des diptyques dans la messe gallicane, on doit la tenir certes pour tout aussi rationnelle, bien qu'elle ne s'avère pas ici non plus comme une particularité rituelle originale. Cette disposition, en effet, a été introduite après coup dans la messe des Églises galloromaines à l'imitation de la liturgie principale d'Éphèse où elle réalise, nous le verrons, un des traits caractéristiques par lesquels cette dernière se distingue des trois autres ordres types de liturgie en usage dans la chrétienté au v⁰ siècle : j'entends, l'ordre hagiopolite, l'alexandrin et le romain.

En définitive, nous affirmons nettement, avec Mˢʳ Duchesne, la dualité du rite gallican et du rite romain, tout en reconnaissant de même que « l'histoire de l'évangélisation de l'Occident donne raison au Pape Innocent quand il la fait procéder tout entière de Rome et qu'il fonde sur ce fait le droit primordial de la liturgie romaine à être la seule liturgie latine » (3) :

« Qui ne sait, en effet, ou qui ne voit que ce qui a été enseigné à l'Église romaine, par Pierre, le Prince des âpôtres, se maintient encore aujourd'hui et doit être par tous observé, sans y surajouter où introduire quelque autre chose qui soit dépourvu d'autorité, *ou qui semble imité d'ailleurs?* Alors surtout qu'il est manifeste que dans toute l'Italie, la Gaule, l'Espagne, l'Afrique, la Sicile et les îles adjacentes, nul n'a institué les Églises, si ce n'est ceux qui ont été ordonnés prêtres (*sacerdotes*, terme qui est ici employé pour désigner des évêques) par le vénérable apôtre Pierre ou ses suces-

---

(1) C'est en vain que l'on tenterait d'étayer cette opinion erronée sur une libre interprétation du texte de la lettre d'Innocent Iᵉʳ concernant la récitation des diptyques. Il est manifeste que les mots : *Prius ergo oblationes sunt commendandae,* employés par le Pape, ne se rapportent pas à la *Secrète,* comme certains l'ont pensé, mais bien au *Te igitur.* — Voir plus loin, ch. II, p. 43, le texte intégral du Pape Innocent au sujet de la proclamation des diptyques.

(2) Ce point de vue sera développé dans une étude spéciale sur la composition interne du canon romain aux IVᵉ et Vᵉ siècles.

(3) Mˢʳ DUCHESNE, *op. cit.,* p. 86-87.

scurs. Qu'ils (les prêtres du Seigneur) recherchent s'ils peuvent découvrir ou lire qu'un autre apôtre a enseigné dans ces provinces. Et s'ils ne lisent rien de tel parce qu'on ne les trouve nulle part, il faut donc qu'ils suivent ce qu'observe l'Église romaine d'où ils tirent indubitablement leur origine, de peur qu'en se livrant à *des assertions étrangères*, ils ne paraissent oublier le principe même des institutions. » (1)

La question de droit étant historiquement résolue en faveur du rite romain, il reste à exposer ici sommairement la question de fait.

Et d'abord, l'improbation formelle lancée par le Pape Innocent contre l'intrusion dans le patriarcat romain de certains rites étrangers que nous retrouvons dans la messe gallicane est pour nous un sérieux indice de la récente formation de cette liturgie. Par ailleurs, étant données 1° la connexion que nous avons déjà signalée entre les éléments de l'avant-messe de la liturgie milanaise et celle qui se pratiquait à Rome au iiie siècle, suivant le témoignage d'Hippolyte ; 2° la disposition particulière des « prières solennelles et sacerdotales » énoncées non avant, mais après l'Offertoire dans les principales liturgies latines : milanaise, africaine, wisigothique, au nombre desquelles il faut ranger, en principe, celle de Rome ; 3° la récitation des diptyques au cours même du canon dans les liturgies d'Afrique et d'Espagne aux iiie et ive siècles, comme dans la messe romaine au temps du Pape Innocent ; 4° la présence dans toutes les liturgies occidendales de la formule introductive des paroles de la consécration : *Qui pridie quam pateretur* ; 5° l'ordonnance identique des liturgies latines dans la pratique des cérémonies de la fraction et de la commixtion des saintes Espèces, tous ces faits concordants témoignent bien déjà de l'origine commune de toutes les liturgies occidentales sans en excepter celle qui était en usage dans les Gaules avant la période mérovingienne.

Tel est, à l'heure présente, l'état de la question concernant l'origine mystérieuse de la liturgie gallicane. Des trois théories mises

---

(1) S. Innocentii I *ad Decentium Eugub.* (Jaffé, 311) : « ... *Quis enim nesciat aut non advertat id quod a principe apostolorum Petro Romanae ecclesiae traditum est, ac nunc usque custoditur ab omnibus debere servari, nec superduci aut introduci aliquid quod auctoritatem non habeat, aut aliunde accipere videatur exemplum? Praesertim cum sit manifestum in omnem Italiam, Galiam, Hispanias, Africam atque Siciliam insulasque interiacentes nullum instituisse ecclesias, nisi eos quos venerabilis apostolus Petrus aut eius succesores constituerunt sacerdotes? Aut legant si in his provinciis alius apostolorum invenitur aut legitur docuisse. Quod si non legunt, quia nusquam inveniunt, oportet eos hoc sequi quod ecclesia Romana custodit, a qua eos principium accepisse non dubium est; ne dum peregrinis assertionibus student, caput institutionum videantur omittere.* »

en avant par les doctes auteurs qui ont tenté de la résoudre, aucune n'est satisfaisante, et la voie reste grande ouverte aux investigations des érudits.

A défaut de donnée positive sur le problème des origines du rite gallican, nous allons, pour notre part, tenter tout d'abord un essai d'histoire critique de cette liturgie, en prenant pour base l'ordonnance qu'elle comporte dans son rituel au moment où elle atteint son plein épanouissement au milieu du vi^e siècle; nous aurons à assigner à chacun de ses éléments sa date d'introduction et sa raison formelle; ce faisant, nous découvrirons sans doute quels ont été les états successifs de cette liturgie à partir des derniers temps de l'époque gallo-romaine. C'est alors, mais alors seulement, que nous devrons avoir recours à l'étude des liturgies comparées, afin de reconnaître et d'établir, à tout le moins, la noblesse d'extraction du rite gallican.

II

DESCRIPTION DE LA MESSE GALLICANE

L'ordonnance rituelle de la liturgie gallicane en usage dans les églises franques à l'époque mérovingienne nous est heureusement connue par une brève description en forme de deux lettres attribuées à saint Germain de Paris († 576). La première lettre est consacrée à l'exposition des cérémonies de la messe sous ce titre : *Expositio brevis antiquae liturgiae gallicanae* (1).

Je me bornerai donc à suivre ce vénérable auteur en reproduisant son texte et en le confrontant à l'exemple de Mgr Duchesne, avec les autres documents de l'ancien usage gallican, c'est-à-dire les livres liturgiques de la Gaule mérovingienne; le Lectionnaire de Luxeuil, le *Missale francorum*, le *Missale gallicanum vetus*, le *Missale gothicum*, le Missel de Bobbio, les Messes de Mone et les quelques fragments publiés par Am. Peyron, Mai, Bunsen (2). De plus, j'invoquerai le témoignage historique de saint Césaire d'Arles et de saint Grégoire de Tours qui nous signalent, le premier, dans ses homélies, le second, dans son *Histoire des Francs*, tous les traits caractéristiques de la liturgie gallicane.

1° ENTRÉE DE L'ÉVÊQUE OFFICIANT

GERMAIN : Antiphona ad prolegendum canitur in specie patriarcharum illorum qui ante diluvium adventum Christi misticis vocibus tonuerunt. Sic Enoc septimus ab Adam, qui tranlatus est a Deo, prophetavit dicens : Ecce venit Dominus in sanctis mirabilibus suis facere

---

(1) *L'Expositio liturgiae gallicanae* s'est conservée dans un manuscrit unique, le ms. coté G. III de la bibliothèque du Séminaire d'Autun, du IXe siècle. Ce précieux document a été publié pour la première fois dans le *Thesaurus novus anecdotorum*, t. V, p. 85-100 (1717), de Martène et Durand; il est reproduit dans MIGNE, *P. L.*, t. LXXII, p. 83-98.

(2) Sur l'origine et la classification de ces documents, voir Mgr DUCHESNE, *Les origines du culte chrétien*, p. 151-160. Nous reportons à la fin de cet ouvrage, la liste bibliographique des anciens documents de la liturgie gallicane.

iudicium, et r.liqua. Ita psallentibus clericis procedit sacerdos in specie Christi de sacrario tanquam de caelo in arca Domini quae est Ecclesia (1).

L'action liturgique s'ouvre donc par une procession qui se forme à la sacristie. Les clercs, qui marchent devant l'officiant comme les patriarches précédaient le Christ, exécutent un chant d'introït désigné sous le nom d'*Antiphona ad prolegendum*. Par *antiphona*, il faut entendre le chant d'un psaume à antienne. « Le sens de *ad prolegendum*, dit Mgr Battifol, est plus difficile à tirer au clair. On pourrait penser à corriger *ad prolegendum* en *ad procedendum*, mais en réalité *ad prolegendum* est une expression connue grâce à la liturgie mozarabe, où elle désigne précisément l'antienne de ce que nous appellerions l'Introït et dans les termes mêmes de notre liturgiste : *Antiphona ad prolegendum*, ou simplement *Ad prolegendum* (quelquefois *Ad prelegendum*) (2). *Ad prolegendum* ne désigne pas les leçons qui seront lues après le chant, mais le chant lui-même, et ce chant n'est pas une lecture puisque c'est un chant. Il y a là, je veux dire dans le sens exact de *prolegere*, une petite énigme. » (3) A mon humble avis, le sens exact de *prolegere* est indiqué par l'explication mystique que notre auteur donne de ce chant dans lequel il voit comme un cantique annonciateur du Christ que figure le célébrant. *Antiphona ad prolegendum* signifierait donc simplement : Antienne proclamatoire, antienne prophétique.

Au témoignage de Grégoire de Tours, le chant antiphonique *ad prolegendum* se terminait par le *Gloria Patri : Et ecce chorus psallentium qui ingressus basilicam, postquam dicta Gloria Trinitati, Psallentii modulatio conquievit* (4). Cette doxologie devait comporter sans doute l'adjonction du *Sicut erat in principio* prescrite par le IIe Concile de Vaison, en 529, par manière de protestation contre l'hérésie arienne (5). Rappelons ici que ce Concile provincial fut présidé par saint Césaire d'Arles qui en rédigea les canons, notamment

----

(1) Dans cette reproduction, je me borne aux phrases où le rite est décrit, tout en retenant les explications symboliques de l'auteur les plus significatives, J'adopte dans la transcription les corrections indiquées par Mgr Batiffol dans une étude très remarquable sur l' « *Expositio liturgiae gallicanae* attribuée à saint Germain de Paris ». Cf. Mgr BATIFFOL, *Etudes de liturgie et d'archéologie chrétienne*. Paris, 1919, p. 243-290.

(2) Dom FÉROTIN, *Le Liber mozarabicus sacramentorum* (1912), p. XL.

(3) Cf. Mgr BATIFFOL, *op. cit.*, p. 255.

(4) *Glor. Mart.*, l. I, 24. Cf. etiam *Hist. Frank.*, l. VI, 40.

(5) *Concil. Vasense*, can. 3 : « *Et quia non solum in Sede Apostolica, sed etiam per totum Orientem, et totam Africam vel Italiam, propter haereticorum astutiam, qui Dei Filium non semper cum Patre fuisse, sed a tempore coepisse blasphemant.*

le canon 3 qui est d'une importance de tout premier ordre au point
de vue des institutions liturgiques de l'Eglise gallicane.

**GERMAIN : Silentium diaconus adnuntiat pro duobus, scilicet tacens
populus melius audiat verbum Dei, et sileat cor nostrum ab omni cogi-
tatione sordida.**

**Sacerdos ideo datur populo, ut dum ille benedicit plebem, dicens :
« Dominus sit semper vobiscum », ab omnibus benedicatur dicentibus :
« Et cum spiritu tuo. »**

Le diacre alors recommande le silence afin que l'assistance entende
mieux la parole de Dieu (1). L'assemblée chrétienne s'ouvrait primitivement par le salut de l'évêque, et tout aussitôt on commen-
çait les lectures scripturaires ; l'intimation du silence par les diacres
était donc de rigueur à un tel moment. Saint Augustin, dans sa *Cité
de Dieu*, signale en ces termes son entrée à l'église pour y célébrer
la messe de Pâques : *procedimus ad |populum, plena erat ecclesia,
salutavi populum... facto silentio, divinarum scripturarum sunt
lecta solemnia* (2).

Il devait encore en être ainsi dans la liturgie gallo-romaine au milieu
du ve siècle, d'après les indications qui sont à relever dans la notice
consacrée par Gennadius dans son *De viris illustribus* au prêtre
Musaeus de Marseille (458). Il y est dit, en effet, que ce dernier
composa pour saint Eustase, son évêque, « un sacramentaire (missel)
remarquable, ouvrage important divisé en plusieurs parties suivant
l'opportunité des offices et des temps, pour tout ce qui a trait au
texte des leçons, à la série des psaumes et au chant : ouvrage
très convenable par sa composition, à la manière de supplier Dieu
et de confesser ses bienfaits » (3). De toute évidence, Gennadius nous signale ici, en quelques mots, l'ordonnance rituelle

____

*in omnibus clausulis, post « Gloria, sicut erat in principio » dicitur, etiam et nos
in universis ecclesiis nostris hoc ita dicendum esse decernimus. »*

(1) Sur cette invitation au silence au début de la messe, cf. GRÉGOIRE DE TOURS,
Hist. Franc. VII, 8 : « *Unde factum est ut quadam die dominica, postquam diaconus silencium populis ut missae abscultarentur indixit, rex conversus ad
populum diceret... Haec eo dicente omnis populus oracionem pro rege fudit
ad Dominum.* » Par *missae* entendez ici la messe en général. L'intervention
du roi au début de la cérémonie est un fait très concevable; il en va tout
autrement si on la place au cours même de la liturgie, avant la « prière pour
le peuple », alors que la seconde indication du silence ayant lieu à ce moment,
suit précisément cette prière plutôt qu'elle ne la précède.

(2) *De Civ. Dei.* l. XXII, c. VIII, 22.

(3) GENNADIUS, *De Script. ecclesiasticis*, LXXIX; *P. L.*, LVIII. 1103 : « *Sed et
ad personnam sancti Eustasii episcopi successoris supradicti hominis Dei (sancti
Venerii) composuit sacramentorum egregium et non parvum volumen, per membra*

en vigueur de son temps dans la première partie de la messe gallo-romaine, et son témoignage sur ce point est pour nous d'un intérêt capital. Le chant antiphonique *ad Prolegendum* est complètement passé sous silence, le sacramentaire de Musaeus ne comporte que le texte choisi des leçons scripturaires, la série des psaumes intercalaires (graduels, psaumes alléluiatiques, traits), le rôle des supplications sacerdotales et les prières laudatives du Canon de la messe. Dans le rite gallican, particularité des plus remarquables, l'action liturgique débute non plus par les saintes lectures, mais bien par les cantiques, suivis de prières intercalaires et des leçons de l'Ancien et du Nouveau Testament afférentes à la solennité du jour.

Le silence, donc, une fois établi au sein de l'assemblée, le célébrant salue le peuple par cette formule antique empruntée au Livre de Ruth : *Dominus sit semper vobiscum* (1). Le peuple lui renvoie sa *bénédiction* en disant : *Et cum spiritu tuo.*

2° CHANT DE L' « AIOS » ET DU « KYRIE ELEISON »

GERMAIN : Aius vero ante prophetiam pro hoc cantatur in greca lingua quia praedicatio novi testamenti in mundo per grecam linguam precessit... Incipiente praesule, ecclesia aius psallit dicens latinum cum graeco, (et) ut ostendatur iunctum testamentum vetus et novum, dicet amen ex hebraeo, instar tituli quod in trinitate linguarum instigante Deo Pilatus posuit super crucem...

Par *Aius*, qui est la transcription latine du mot Ἅγιος que les Grecs prononcent *Aios* (2), il faut entendre le chant du *Trisagion* : *Agios o Theos, agios ischyros, agios athanatos, eleison imas*, tel qu'il s'exécute dans la liturgie romaine du Vendredi-Saint. L'*Aius*, chanté en grec, est ensuite repris en latin; particularité purement gallicane, il se termine par l'*Amen*, afin de réunir ainsi l'hébreu, le grec et le latin, en souvenir de l'inscription trilingue que Pilate fit placer sur la croix du Sauveur.

Le *Trisagion* est attesté pour la première fois par saint Césaire

---

quidem pro opportunitate officiorum et temporum, pro lectionum textu psalmo
rumque serie et decantatione discretum : sed supplicandi Deo et contestandi beneficiorum eius soliditate sui consentaneum. »

(1) *Ruth*, II, 4 : « *Et ecce ipse veniebat de Bethleem, dicit que messoribus : Dominus vobiscum. Qui responderunt ei : Benedicat tibi Dominus.* »

(2) Le *Missel de Bobbio* (VII° s.) mentionne une *Collectio post Aios.* P. L. t. LXXII, p. 455, 457.

de Cappadoce, frère de saint Grégoire de Naziance (330-369) (1).

D'après le témoignage d'Aristophane de Byzance, le chant litanique du *Trisagion* a été inauguré comme tel lors du grand tremblement de terre de 430, sous le pontificat de Proclus, dans le
champ de Mars de l'Hebdomon de Constantinople (2). Cette invocation célèbre ne tarda pas à être introduite dans toutes les liturgies des Églises orientales.

Saint Avit, l'éminent évêque de Vienne, traite du *Trisagion* dans
une de ses lettres au roi Gondebaud, dans le but de lui dénoncer
comme hérétique la formule des Théopaschites ὁ σταυρῶσεις δι' ἡμᾶς
ajoutée à cette prière, formule récemment adoptée dans la Grande
Église de Constantinople sous l'influence pernicieuse de l'empereur Anastase et du patriarche Acace. Le docte évêque gaulois
signale à ce propos, au roi des Burgondes, que les Byzantins ont
coutume d'exécuter d'enthousiasme le cantique du *Trisagion* au
début de la messe ; ce disant, il ressort très nettement de son
exposé, que l'usage de ce chant n'était pas encore consacré dans
la liturgie gallo-romaine. « Il est d'usage, dit-il, dans les églises
des grandes cités d'Orient, de célébrer une supplication à la
louange divine au début de la messe. Cette supplication est élevée
par l'acclamation unanime du peuple avec une telle dévotion et
une telle joie, que l'on tient avec raison qu'en vertu de ce premier
exercice de piété, tous les suffrages du sacrifice qui va suivre
seront exaucés. » (3) A quelle époque le chant du *Trisagion*
pénétra-t-il dans la liturgie gallicane? On ne saurait le déterminer
avec précision. De toute façon, cette innovation liturgique n'a pu
s'accomplir au plus tôt en Occident, qu'au cours des dernières
années du vᵉ siècle.

Au début du v1ᵉ siècle, le *Trisagion* n'était pas encore chanté
à toutes les messes, car le Concile de Vaison (can. 3) ordonne de
l'exécuter à chaque messe indistinctement aussi bien aux messes du
matin qu'aux liturgies vespérales du Carême et à celles des défunts
comme cela se pratiquait aux messes publiques, et « cela, dit-il,
parce que cette invocation est si sainte, si douce et si aimable, que

---

(1) *Dialog.*, L. I., int. 29, P. G. XXXVIII, col. 889.

(2) Theophan., *Chronogr.*, p. 143. Cf. J.-B. Thibaut, « l'Hebdomon de Constantinople », dans *Echos d'Orient*, janvier-mars 1922, p. 24.

(3) *Avitus Viennensis episcopus Domno Gundobaldo Regi*, ep. III (P. L., t. LIX :
« ... *Est autem illic consuetudo in ecclesiis nobilium civitatum, supplicationem
cum laude divina inter missarum initia celebrari : quam tanta devotione atque
alacritate consonae plebis clamor attollit, ut credant non immerito, omne suffragium sacrificii subsequentis praemisso huius devotionis obsequio placiturum.* »

s'il était possible de la redire jour et nuit, elle ne saurait engendrer aucun ennui » (1). Remarque qui nous explique aussi bien le fait des multiples répétitions de ce chant doxologique au cours de la liturgie gallicane.

GERMAIN : Tres autem parvuli qui ore uno sequentes Kyrie eleison (hebrea scilicet graeca et latina) vel trium temporum saeculi, ante legem scilicet, sub lege, et sub gratia.

Comme le fait remarquer Mgr Batiffol (2), le copiste a mis par distraction les mots placés entre parenthèses : *hebrea scilicet graeca et latina* qui appartiennent à la phrase d'avant, au lieu et place de *cantant in specie trium puerorum*, membre de phrase qui est appelé par les mots *qui ore uno*, empruntés au début du cantique des trois enfants dans la fournaise : « *Tunc hi tres quasi ex uno ore laudabant, et glorificabant, et benedicebant Deum.* » (*Dan.* III, 51.) Sitôt après l'*Aius*, le *Kyrie eleison* est donc chanté à l'unisson par trois enfants. Cette invocation a été introduite dans la messe gallicane par le second Concile de Vaison (529) en imitation des usages orientaux et parce que tel était aussi l'usage du Siège apostolique et de toutes les églises d'Italie (3).

La coutume de faire exécuter le chant du *Kyrie eleison* par des enfants est déjà signalée par la pèlerine espagnole Euchéria dans sa *Peregrinatio ad loca sancta* (4), et par saint Jean Chrysostome (5). « Les enfants prient pour nous, dit ce Père, parce que le royaume des cieux attend les imitateurs de leur innocence. Cela même détermine le mode de nos supplications : prier comme des enfants, c'est se montrer humble et sincère. »

Le chant successif des trois *Kyrie eleison* au début de la messe des catéchumènes est conforme à la liturgie de saint Jacques de Jérusalem.

---

(1) *Concil. Vasense*, can. 3 : « ... *Et in omnibus missis, seu in matutinis, seu in quadragesimalibus, seu in illis quae pro defunctorum commemoratione fiunt, semper « Sanctus, Sanctus, Sanctus », eo ordine quo modo ad missas publicas dicitur, dici debeat; quia tam sancta et tam dulcis et desiderabilis vox, etiamsi die noctuque possit dici, fastidium non possit generare ».*

(2) Mgr BATIFFOL, *op. cit.*, p. 259, en note.

(3) *Concil. Vasense*, can. 3 : « *Et quia tam in sede Apostolica quam etiam per totas orientales atque Italiae provincias dulcis et nimium salutaris consuetudo est intromissa ut « Kyrie eleison » frequentius cum grandi affectu et compunctione dicatur; placuit etiam nobis ut in omnibus ecclesiis nostris ista tam sancta consuetudo et ad matutinum et ad missas et ad vesperam, Deo propitio intromittatur.* »

(4) Cf. P. GEYER, *Itinera Hierosolymitana* (Vienne, 1898), p. 72.

(5) *In Matth.* hom. LXXI (al. LXXII); *P. G.*, t. LVIII. col. 666.

3° CHANT DE LA PROPHÉTIE ou CANTIQUE DE ZACHARIE

GERMAIN : Canticum autem Zachariae pontificis in honorem sancti Iohannis Baptistae cantatur...; ideo prophetia quam pater eius ipso nascente cecinit, alternis vocibus ecclesia psallet.

Après le chant du *Kyrie eleison,* on entame suivant un ordre tout particulier, le rôle obligé de la psalmodie par le cantique *Benedictus* qui porte le nom de *Prophetia,* la prophétie de Zacharie père de saint Jean-Baptiste. Suivant Grégoire de Tours, l'évêque célébrant l'entonnait : *quo (Palladio episcopo) incipiente prophetiam.* (*Hist. Fr.,* viii, 7), et toute l'assistance, séparée en deux chœurs, continuait les versets alternativement.

Cette dénomination de prophétie, dit M⁰ʳ Batiffol, est une rareté qui, mentionnée par Grégoire de Tours, se retrouve dans le sacramentaire de Bobbio, donc au viiᵉ siècle au plus tard (1). Il est bien surprenant qu'une rareté de ce genre, qui avait été déjà un sujet de méprise pour un Mabillon et un Ruinart (2), n'ait pas attiré plus tôt et plus fortement l'attention de nos modernes liturgistes. Ne se devaient-ils pas, en effet, de pressentir le motif religieux lié à un événement historique qui, sous le règne des premiers mérovingiens, a fait attribuer à la promesse de Zacharie une place d'honneur en tête du rôle psalmodique de la liturgie gallicane?

Le chant réglé du cantique *Benedictus* au début de la messe est, en réalité, un trait exclusivement propre à la liturgie gallicane, trait magnifique destiné à perpétuer le souvenir de nos origines nationales. Ladite dénomination de *Prophetia,* employée d'une manière absolue, ne détermine pas seulement ce cantique comme étant une prophétie qui annonce le Baptiste et le baptême, mais encore et surtout comme la prophétie par excellence, du fait qu'elle a reçu, dans un sens accommodatice, une seconde réalisation au sein de la nation franque, lors de la conversion et du baptême de Clovis.

Cet événement d'une importance capitale faisait de Clovis le seul chef catholique de l'Occident, le protecteur officiel des Églises gallo-romaines si durement éprouvées depuis un demi-siècle par les invasions des Barbares, et toujours en passe d'être persécutées ici

---

(1) *P. L.,* t. LXXII, p. 455, 457. Cf. M⁰ʳ BATIFFOL, *op. cit.,* p. 281.
(2) Dom MABILLON, *Liturg. gall.,* p. 38, et Dom RUINART, *Praef. in S. Greg. Tur.,* ont avancé bien à tort que le titre de *Prophetia* s'appliquait à la première leçon prophétique.

ou là, par les Wisigoths et les Burgondes ariens. L'épiscopat des Gaules tout entier reporta dès lors ses plus fermes espérances sur la noble nation des Francs libre de toute hérésie, et sur son chef sicambre, comme en témoigne si éloquemment saint Avit de Vienne dans la lettre de félicitation qu'il écrivit au roi Clovis à l'occasion même de son baptême. « La divine Providence, lui mande-t-il, a procuré à notre temps comme une sorte d'arbitre. Tandis que vous optez en votre faveur, vous décidez pour tous : votre foi est notre victoire !... Une seule chose donc, que nous souhaiterions de voir se réaliser, c'est que Dieu fasse sienne par vous toute votre race ; que vous répandiez aussi du riche trésor de votre cœur la semence de la foi sur les nations plus reculées placées jusqu'ici dans un état naturel d'ignorance, mais qu'aucun germe des dogmes erronés n'est venu corrompre. N'ayez aucune réserve ni hésitation, fallût-il pour cela députer des ambassades à soutenir les intérêts de Dieu qui a tant rehaussé les vôtres ! Attendu qu'en réalité, les populations étrangères des païens doivent d'abord vous être soumises à cause de l'autorité de la religion, alors même qu'elles paraissent encore appartenir à d'autres, qu'elles distinguent plutôt la nation que le chef ! Aucune nation, en effet, ne revendique pour elle comme un rang spécial par les degrés aussi considérables des honneurs que vous remportez. Il est manifeste que vous êtes celui par qui tout jouit complètement de l'éclat du soleil éclairant l'univers. A la vérité, les lieux qui vous sont proches bénéficient de plus de clarté, mais les plus éloignés ne restent pas dépourvus de lumière. C'est pourquoi, resplendissez toujours par votre diadème aux yeux de ceux qui vous sont présents comme à ceux des absents par votre majesté. Tout célèbre le succès des heureux triomphes que remporte par vous cette contrée. Votre prospérité nous atteint nous aussi : toutes les fois que là-bas vous combattez, nous remportons la victoire (1) ! Aussi bien, après la victoire provi-

---

(1) *Avitus Viennensis ep. Chlodoveo Regi* (P. L., t. LIX, 257-259) : « *Invenit quippe tempori nostro arbitrium quemdam divina provisio. Dum vobis eligitis, omnibus iudicatis, vestra fides nostra victoria est... Unum ergo, quod vellemus augeri : ut quia Deus gentem vestram per vos ex toto suam faciet, ulterioribus quoque gentibus quas in naturali adhuc ignorantia constitutas nulla pravorum dogmatum germina corruperunt, de bono thesauro vestri cordis fidei semina porrigatis : nec pudeat pigeatque, etiam directis in rem legationibus, astruere partes Dei, qui tantam vestras erexit... Nulla igitur patria quasi speciali sede sibi vindicet totis quos honorum gradibus attollitis; constat vos esse, quo communis uno solis iubare omnia perfruuntur. Vicina quidem plus gaudent lumine, sed non carent remotiora fulgore. Quapropter radiate perpetuum praesentibus diademate, absentibus maiestate. Successus felicium triumphorum quos per vos regio illa gerit, cuncta concelebrant. Tangit etiam nos felicitas : quotiescunque illic pugnatis, vincimus.* « A côté de cette lettre de saint Avit on cite parfois une lettre du Pape Anastase à Clovis, mais il n'y a pas lieu d'en faire état.

dentielle de Tolbiac, au jour illustre de Noël de l'an de grâce 496, la prophétie de Zacharie parut-elle, aux yeux des catholiques gallo-romains, s'être réalisée une fois de plus à la lettre dans la personne du valeureux chef des Francs, et le cantique du salut : *Benedictus Dominus, Deus Israel*, devint pour lors l'hymne d'action de grâces et le chant triomphal de toute la Gaule chrétienne protégée désormais contre le fléau de l'hérésie, libre enfin de servir Dieu sans crainte en marchant devant lui au cours des siècles à venir, dans les voies de la sainteté, de la justice et de la paix !

PROPHÉTIE

℣. 68. Béni soit le Seigneur, le Dieu d'Israël
  De ce qu'il a visité et racheté son peuple,
69. Et nous a suscité un puissant Sauveur
  Dans la maison de David son serviteur.
70. Comme il l'avait annoncé par la bouche
  de ses saints prophètes aux siècles écoulés.
71. Un Sauveur qui nous délivre de nos ennemis
  et de la main de ceux qui nous haïssent !
72. Afin d'accomplir sa miséricorde envers nos pères,
  en souvenir de sa sainte alliance.
73. Du serment qu'il a prêté à Abraham notre père,
  de nous accorder cette faveur :
74. Que, délivrés de la main de nos ennemis,
  nous le servions sans crainte
75. En marchant devant lui dans la sainteté et la justice,
  tous les jours de notre vie.
76. Et toi, enfant, tu seras appelé prophète du Très-Haut ;
  Car tu iras devant la face du Seigneur pour préparer ses voies
77. Afin de donner à son peuple la science du salut,
  dans la rémission de ses péchés,
78. Par les entrailles de la miséricorde de notre Dieu,
  en vertu desquelles, le soleil-levant nous a visités d'en haut.
79. Pour éclairer ceux qui sont assis dans les ténèbres et les ombres
  de la mort,
  Pour diriger nos pas dans le chemin de la paix.

Au verset 69 de ce cantique, la Vulgate porte : *Et erexit cornu salutis nobis*, tournure hébraïque qui doit se traduire littéralement

---

M. Julien Havet, dans la *Bibliothèque de l'Ecole des Chartes*, année 1885, t. XLVI, p. 205 et suiv., a montré le caractère apocryphe de cette dernière lettre. Elle a été fabriquée par Jérôme Vignier († 1661), auteur de huit autres pièces fausses se rapportant à la fin de la période gallo-romaine et au début de l'époque mérovingienne.

de cette manière : « Et nous a suscité une corne (d'huile) de salut. » Appliqué par analogie à la personne de Clovis en sa qualité de sauveur de la Gaule, ce passage, le plus saillant et le plus significatif de toute la pièce, aura selon toute vraisemblance donné lieu par la suite à la fameuse légende de la « sainte ampoule de Reims ».

Aux versets 71 et 74, par « ennemis », il faut entendre pour lors les Barbares et les Wisigoths ariens.

L'apostrophe de Zacharie au nouveau-né : « Et toi, enfant, etc. s'applique aussi à merveille au sicambre adouci régénéré par le baptème, et qui devait par la suite préparer les voies du Seigneur afin d'amener par l'initiation chrétienne, à la science du salut, toute la noble nation des Francs.

Dans sa seconde lettre, saint Germain observe que le *Trisagion* et la Prophétie ne se chantent pas en Carème. Ils sont alors remplacés pas un cantique spécial désigné par ces premiers mots : *Sanctus Deus archangelorum*, cantique qui n'est pas connu d'ailleurs (1).

Après la Prophétie, le célébrant récitait une oraison intitulée *Collectio post Prophetiam*, suivant l'usage oriental de la psalmodie avec prières intercalaires *(psalterium cum orationibus interiectis)* telle que l'a décrit Cassien dans ses *Institutions cénobitiques* (2). Saint Césaire d'Arles atteste ce même usage dans son homélie CCLXXX, au cours de laquelle il presse tous les fidèles à assister dévotement à toute la messe, à s'appliquer dans l'intérieur de l'église à la psalmodie et aux prières, en évitant de causer pendant la proclamation des saintes lectures (3). Il y a encore trace d'un usage semblable dans la liturgie romaine concernant les rares messes où la leçon prophétique s'est conservée, on exécute le graduel suivi d'une oraison appropriée entre cette leçon et l'Épître, puis l'*alleluia* ou le trait entre l'Épître et l'Évangile.

Dans les livres mérovingiens la collecte après la Prophétie comporte d'ordinaire une paraphrase des versets les plus significatifs du *Benedictus*. A titre de spécimen nous citerons ici la *Collectio post prophetiam* du *Missale gothicum* pour la fête de Noël. (4) Cette

---

(1) GERVAIN, ep. XI : « *Sanctus Deus Archangelorum in quadragesima concinetur et non canticum Zachariæ... nec* (ms. *vel*) *Alleluia in nostra ecclesia sanctus vel prophetia hymnus trium puerorum vel canticum rubri maris illi diebus decantantur.* »

(2) CASSIAN, *Institut. coen.*, l. II, c. XI; l. III, c. XI.

(3) S. CAESARII, serm. CCLXXX, 4 *(Append. Aug.)*: *Non ergo foris fabulis, sed intus psalmodiae et orationibus studete.* »

(4) J. MABILLON, *De liturgia gallicana, libri* III, Paris, 1685, p. 227. Cet ouvrage a été réimprimé dans la *Patrologie latine* de MIGNE, tome LXXII, 99-448.

pièce est pour nous d'un intérêt de tout premier ordre en ce qu'elle confirme pleinement notre thèse précédente sur l'application analogique de la Prophétie de Zacharie à la personne de Clovis.

COLLECTIO POST PROPHETIAM

Ortus es nobis Sol iustitiae, Iesu Christe; venisti de coelo, humani generis Redemptor; erexisti nobis cornu salutis, et celsi Genitoris Proles perpetua, genitus in domo David propter priscorum oracula vatum propriam volens absolvere plebem et vetusti criminis delere chirographum, ut in aeternae vitae panderes triumphum. Ideoque nunc et quaesumus ut in misericordiae tuae viscera nostris appareas mentibus, salus aeterna; et nos eripiendo ab iniquo hoste iustitiae cultores efficias; omnique mortis errore spreto pacis viam recto itinere gradientes, tibi recto servire possimus, Salvator mundi qui cum Patre et Spiritu sancto vivis, dominaris et regnas Deus in saecula saeculorum.

Tu t'es levé pour nous, véritable Soleil de justice, ô Jésus-Christ. Tu es descendu du ciel en qualité de Rédempteur du genre humain. *Tu nous as suscité un puissant sauveur et une race éternelle du Père céleste.* Tu es né dans la maison de David eu égard aux oracles des premiers prophètes, désirant racheter ton propre peuple et détruire l'acte de notre ancienne faute afin de nous découvrir le triomphe de la vie éternelle. C'est pourquoi maintenant nous te supplions, afin que, dans les entrailles de ta miséricorde, tu te montres à nos esprits, ô salut éternel, et que tu fasses de nous des serviteurs de la justice, étant délivrés de notre inique ennemi, et que, méprisant toute erreur mortelle, nous puissions, en suivant la voie droite de la paix, te servir avec sagesse, Sauveur du monde qui vis, domine et règne avec le Père et l'Esprit-Saint, Dieu, dans les siècles des siècles.

Il est inutile de relever dans cette pièce de prix toutes les réminiscences du texte biblique. Qu'il nous suffise de faire observer que cette prière est adressée directement à Notre-Seigneur Jésus-Christ. C'est donc lui « qui nous a donné un puissant sauveur » (1) à pareil jour de Noël dans la personne de Clovis, et suscité à l'Église catholique « une race éternelle du Père céleste » : celle des Francs qui, après avoir reconnu la sainteté du baptême, devait, dans sa

____

(1) Dans la *Collectio post prophetiam* de la messe de Pâques (p. 277), la réminiscence du verset 69 du *Benedictus* ne concerne plus que le Christ : « *Summe omnipotens Deus qui cornu salutis nostræ in crucis tuæ mysterio extulisti, ut nos in domo David regali fastigio sublimares...* »

vaillance, délivrer la Gaule d'un « inique ennemi », le Goth, en réprouvant « l'erreur mortelle » de l'arianisme. Notons enfin, dans la conclusion doxologique de cette oraison célébrant le « Sauveur du monde », l'apposition du mot *Deus*, qui souligne encore son caractère antiarien. Ce document exceptionnel conservé dans les fastes liturgiques de l'Eglise, est en vérité, l'acte de baptême, le titre de royal avènement de la France chrétienne !

Et maintenant, que l'on mette en regard de cette prière qui a bien toute la valeur d'un acte authentique de nos origines nationales, le prologue de la *loi salique* dont la rédaction en langue latine appartient au règne de Dagobert, et l'on verra que le début de ce document est tout autre chose qu'une traduction littérale d'une ancienne chanson germanique, comme le prétendait Augustin Thierry.

« La nation des Francs, illustre, ayant Dieu pour fondateur, forte sous les armes, ferme dans les traités de paix, profonde en conseil, noble et saine de corps, d'une blancheur et d'une beauté singulières, hardie, agile et rude au combat, depuis peu convertie à la foi catholique, libre d'hérésie ; lorsqu'elle était encore sous une croyance barbare, avec l'inspiration de Dieu, recherchant la clé de la science ; selon la nature de ses qualités, désirant la justice, gardant la piété ; la *loi salique* fut dictée par les chefs de cette nation, qui en ce temps commandaient chez elle. » (1)

Le sens chrétien de la phrase initiale de ce prologue : « La nation des Francs, illustre, ayant Dieu pour fondateur, *auctore Deo condita* », a complètement échappé à l'éminent historien de l'époque mérovingienne : « Cette idée, dit-il, paraît étrangère à la religion chrétienne, qui n'accorde à aucune nation, si ce n'est au peuple juif, l'honneur d'avoir eu des relations spéciales avec la divinité. Peut-être, pour être exact et malgré la contradiction apparente, devrait-on traduire *ayant un Dieu pour fondateur*. » (2) J'accorde volontiers que cette dernière traduction est aussi exacte que la première, sans impliquer du reste la moindre contradiction, à la condition toutefois d'écarter ici tout souvenir d'Odin-Wotan et de reconnaître en « *ce Dieu* fondateur » le Christ-Sauveur, proclamé, invoqué comme tel dans le titre initial de la *loi salique*, titre mémorable, inspiré lui-même du cantique *Benedictus* :

« Vive le Christ qui aime les Francs ! Qu'il garde leur royaume, et remplisse leurs chefs de la lumière de sa grâce ; qu'il protège

---

(1) *Legis salicae prologus, apud script. rer. gallic. et francic.,* . IV, p. 122.
(2) Augustin Thierry, *Lettres sur l'Histoire de France* (7ᵉ éd., Paris, 1842), *lettre* VI, p. 107-108, en note.

l'armée; qu'il leur accorde des signes qui attestent leur foi, les joies de la paix et la félicité; que le Seigneur Christ Jésus dirige dans les voies de la piété les règnes de ceux qui gouvernent; car cette nation est celle qui, brave et forte, secoua de sa tête le dur joug des Romains, et qui, après avoir reconnu la sainteté du baptême, orna somptueusement d'or et de gemmes les corps des saints martyrs, que les Romains avaient brûlés par le feu, massacrés, mutilés par le fer, ou fait déchirer par les bêtes. » (1)

4° LECTURES ET CANTIQUES

GERMAIN : Lectio vero prophetica suum tenet ordinem Veteris videlicet Testamenti, corripiens mala et adnuncians futura, ut intelligamus ipsum Deum esse qui in prophetia tonuit et in Evangelico splendore refulsit. Quod enim propheta clamat futurum, apostolus docet factum. Actus autem Apostolorum vel Apocalypsis Iohannis pro novitate gaudii paschalis leguntur, servantes ordinem temporum, sicut historia Testamenti Veteris in Quinquagesimo, vel gesta sanctorum confessorum ac martyrum in solemnitatibus eorum, ut populus intelligat quantum Christus amaverit famulum, dans ei virtutis indicium, quem devota plebicula suum postulat patronum.

Après la *Collectio post Prophetiam*, venaient à tour de rôle, trois leçons scripturaires. La première était prise aux prophètes, *lectio prophetica*, son but est de censurer le mal et d'annoncer les choses futures, afin que l'on comprenne que c'est Dieu lui-même qui a parlé avec éclat dans les prophéties et qui a resplendi dans la lumière de l'Évangile. La seconde leçon était prise aux Épîtres apostoliques; ce que le prophète annonce comme futur, l'apôtre le proclame accompli. Au temps pascal on lisait aussi les Actes des apôtres ou l'Apocalypse de saint Jean; en Carême, les « histoires » de l'Ancien Testament, et aux fêtes des confesseurs et des martyrs, le récit de leur vie.

Saint Césaire d'Arles atteste l'usage des trois leçons, qu'il distingue comme l'*Expositio* en prophétique, apostolique et évangélique (2). L'usage des trois leçons est également attesté par le lectionnaire purement gallican dit de Luxeuil (3).

---

(1) *Legis salicae prologus, apud script. rer. gallic.* etc., t. IV, p. 123.
(2) Serm. CCLXXXI, 2 : « *Nam lectiones sive propheticas, sive apostolicas, sive evangelicas etiam in domibus vestris aut ipsi legere, aut alios legentes audire potestis.* » *Append.* Augustin.
(3) *P. L.* t., LXXII, p. 171-216.

Saint Césaire d'Arles signale accidentellement la proclamation des Actes des martyrs au cours de la liturgie eucharistique dans le sermon CCC, au début duquel le grand évêque invite avec une paternelle sollicitude les personnes faibles ou souffrantes à s'asseoir pendant la lecture des Actes des martyrs et autres leçons de quelque étendue (1). Saint Grégoire de Tours rend à maintes reprises un témoignage identique (2). Par ailleurs, Hilduin, abbé de Saint-Denys, dans sa lettre à Louis le Pieux, fait mention « d'anciens Missels tombant de vétusté, qui contenaient l'ordre des messes suivant le rite gallican en usage dans les Gaules depuis que la foi y fut introduite jusqu'à l'adoption du rite romain. Ces anciens livres renfermaient deux messes intégrales au cours desquelles les tourments des martyrs étaient brièvement relatés, afin de provoquer la clémence de la divine miséricorde et d'exciter le cœur des fidèles aux exercices de dévotion. En d'autres messes d'apôtres et de martyrs, on y célébrait également le récit de la Passion des martyrs les plus illustres » (3).

GERMAIN : Hymnum autem trium puerorum quod post lectiones canitur, in figura sanctorum veterum qui sedentes in tenebris adventum Domini expectabant. Secundum hoc etiam ecclesia servat ordinem, ut inter Benedictionem et Evangelium lectio (nihil) intercedat nisi tantummodo responsorium quod a parvulis canitur.

Au terme des deux premières leçons, on chantait l'hymne des trois enfants dans la fournaise, hymne appelée *Benedictio* à cause des mots *Benedictus* et *Benedicite* qui marquent dans cette pièce le début de chaque verset.

---

(1) Sermo. CCC : « *Ante aliquot dies propter eos qui aut pedes dolent aut aliqua corporis inaequalitate laborant, paterna pietate sollicitus consilium dedi et quodam modo supplicavi, ut quando aut Passiones prolixae aut certe aliquae lectiones longiores leguntur, qui stare non possunt, humiliter et cum silentio sedentes, attentis auribus audiant quae leguntur.* »
(2) GREGOR., *De mir. S. Mart.*, II, 29, 49 ; *De Glor. Martyrum*, I, 86.
(3) MONUMENTA GERMANIAE, *Epistolae Caroli aevi*, t. III, p. 330 ; MIGNE, *P. L.*, t. CVI, col. 13-22 : « *Cui adstipulari videntur antiquissimi et nimia pene vetustate consumpti missales libri continentes missae ordinem more gallico, qui ab initio receptae fidei usu in hac occidentali plaga est habitus, usque quo tenorem, quo nunc utitur, Romanum susceperit. In quibus voluminibus habentur duae missae quae sic inter celebrandum ad provocandam divinae miserationis clementiam, et corda populi ad devotionis studium excitanda tormenta martyris sociorumque eius succincte commemorant, sicut et reliquae missae, ibidem scriptae aliorumque apostolorum vel martyrum, quorum passiones habentur notissimae decantant.* »

BÉNÉDICTION

52. Béni es-tu, Seigneur, Dieu de nos pères;
digne de louanges, glorieux, et hautement célébré durant les siècles;
béni est le saint nom de ta gloire,
digne de louanges et hautement célébré durant tous les siècles.

53. Béni es-tu, etc.

90. Bénissez, hommes religieux, le Seigneur Dieu des dieux; louez-le et rendez-lui hommage,
parce que sa miséricorde s'étend à tous les siècles! — (*Dan.*, III, 52-90).

Le lectionnaire de Luxeuil mentionne en ces termes le chant de la *Benedictio* au dimanche dit *Clausum paschae* (notre dimanche de *Quasimodo*) : *Danihel cum benedictione sicut primo die sancto paschae* (1). C'est, en effet, sur la leçon de Daniel (III, 1-90), couronnée par l'hymne des trois jeunes gens dans la fournaise, que se terminait dans toute la chrétienté la grande vigile pascale, cependant qu'on introduisait les nouveaux baptisés dans l'église pour y recevoir les sacrements complémentaires de la confirmation et de la communion eucharistique (2). Aussi bien, est-ce encore en souvenir du baptême de Clovis et au même titre que le chant de la prophétie de Zacharie, que ce second cantique a été adopté dans l'ordonnance chorale de la liturgie gallicane. J'en apporte pour preuve convaincante le texte d'un sermon *Sur la prédiction des temps du christianisme*, inséré sous le numéro CCCXV, à la suite des homélies de saint Césaire d'Arles, dans l'appendice des sermons de saint Augustin, au tome XXXIX de la *Patrologie* de Migne.

L'auteur jusque-là inconnu du sermon CCCXV, qui me paraît bien être de saint Césaire, expose ainsi son sujet : « Frères très chers, dans le corps entier des divines Écritures, les temps du christianisme sont prédits. Ceci par conséquent : qu'il arriverait que les rois de la terre qui persécutaient les chrétiens à cause des idoles, détruiraient les idoles en considération du Christ; et que toute puissance serait soumise au joug du Christ (3); et cela, afin que

______

(1) *P. L.*, t. LXXII, p. 201.

(2) Cf. J.-B. Thibaut, *Ordre des offices de la Semaine Sainte à Jérusalem, du IVᵉ au Xᵉ siècle*, p. 115-121.

(3) L'auteur s'inspire ici de ce passage remarquable de saint Augustin : *Crevit Ecclesia, crediderunt gentes, victi sunt terrae principes sub nomine Christi, ut essent victores in orbe terrarum. Positum est collum eorum sub jugo Christi. Persequebantur ante christianos propter idola, persequuntur idola*

s'accomplisse ce qui est écrit : *Je me suis vengé d'eux* (Ps. cxvii, 10.)
Qu'est-ce à dire : *Je me suis vengé en eux ?* Je me suis vengé
d'eux, c'est le corps du Christ (l'Église) qui parle : je me suis vengé
de mes ennemis. Comment s'est-il vengé ? En détruisant en eux l'erreur, en suscitant en eux la foi. En effet, tout ce qui dans les hommes
méchants et pervers persécutait les chrétiens, tout cela a été détruit.
Quand l'homme vous persécute, ne prenez pas garde à la forme
extérieure que Dieu a créée ou à l'âme qu'il a insufflée. Ce n'est
pas ce que Dieu a fait qui te persécute, mais la méchanceté qui
vient de l'homme. Toutes les choses que Dieu a créées le louent.
Vous avez entendu dans les *Bénédictions*, et vous entendez à chaque
solennité quand on les lit, comment toutes choses louent Dieu : les
célestes et les terrestres, les anges, les hommes, les astres du ciel,
les arbres de la terre, les fleuves, la mer; tout ce que Dieu a créé
soit dans les cieux, soit sur la terre, soit dans la mer, proclame la
louange divine. Avez-vous entendu là même, que l'avarice loue
Dieu ?... Avez-vous entendu que l'hérésie loue Dieu ? Pourquoi donc
toutes ces choses ne louent-elles pas Dieu? Parce qu'elles n'ont
point été créées par Dieu. Or, l'arbre a conservé ce qui a été créé;
l'homme a détruit ce qui était bien. Car, s'il avait gardé en lui ce
que Dieu a créé, c'est-à-dire son image, il louerait Dieu sans cesse,
non seulement en paroles, mais par son genre de vie. Donc, nos
temps eux-mêmes ont été prédits. *Ergo praedicta sunt et tempora
nostra !* » (1)

A l'exemple du roi Nabuchodonosor qui, revenu de son erreur, se
prit à louer le Dieu des trois jeunes gens condamnés par lui au sup-
plice du feu, et, par contre, menaça d'une entière extermination tous
ceux qui blasphémeraient désormais un Dieu si puissant, Clovis, le fier
sicambre, courbant sa tête chevelue sous la main de saint Rémi,

---

propter *Christum.* » *Sermo* XLIV, 2, Cf. *etiam, Enarr. in Ps.* CXXVIII, 5.
Cette belle idée de la victoire morale de l'Eglise sur ses persécuteurs se trouve
également développée dans le *sermo* CCLXXI, 4, de l'Appendice aux œuvres
de saint Augustin, sermon qui est incontestablement de saint Césaire d'Arles.
   (1) Serm. CCCXV, 1 : « *In omnibus Scripturis divinis, fratres charissimis
Christianorum tempora praedicta sunt. Hoc ideo, quia futurum erat ut rege-
terrae, qui propter idola persequebantur Christianos, propter Christum idola dele,
rent, et subiugaretur omnis potestas iuge Christi; ut impleretur quod dictum
est :* « *Ultus sum in eos.* » (*Ps.* cxvii, 10.) *Quid est enim* « *Ultus sum in eos ?* »
Vindicavi me de ipsis. Corpus Christi loquitur, Vindicavi de inimicis meis. Quomodo se vindicavit ? Occidendo in eis errorem, suscitando fidem... Omnia quae fecit
Deus, laudant Deum. Auditis in Benedictionibus, et audistis in omni solemnitate
quando leguntur, quomodo omnia laudant Deum, coelestia et terrestria, angeli,
homines, luminaria coeli, arbores terrae, flumina, maria... Ergo praedicta sunt
et tempora nostra !* »

à Reims, venait de promettre avec serment *d'adorer ce qu'il avait brûlé, et de brûler ce qu'il avait adoré* (1). Et tout le peuple chrétien des provinces gallo-romaines, reconnaissant dans le jeune chef des Francs son véritable protecteur, de chanter avec allégresse et en toute vérité, les versets conclusifs du cantique de Daniel : *Ananias, Azarias et Misaël, bénissez le Seigneur, louez-le et exaltez-le dans tous les siècles, parce qu'il nous a tirés de l'enfer, qu'il nous a sauvés de la mort, qu'il nous a délivrés du milieu des flammes ardentes, et qu'il nous a tirés du milieu du feu!* (2)

Le chant de la *Benedictio*, adopté d'une manière fixe de préférence à un psaume davidique, est un trait gallican qu'on retrouve également dans la messe wisigothique. Selon toute vraisemblance, il aura été introduit dans cette dernière liturgie, après la conversion du roi Reccarède, événement qui donna lieu à la grande manifestation du Concile de Tolède de mai 589, dans lequel saint Léandre célébra avec éloquence *le triomphe de l'Église dans la conversion des Goths.*

Le lectionnaire de Luxeuil indique, au jour de Noël, le chant de la *Benedictio* avant la leçon apostolique comme dans l'Église wisigothique, disposition qui me paraît être plus régulière. Dans la messe du *Clausum Paschae*, il le met après. En principe, le chant de la *Benedictio*, comme celui du *Benedictus*, devait être suivi d'une oraison qui n'est pas mentionnée d'ordinaire, mais, par bonheur, nous trouvons une *Collectio post Benedictionem* indiquée dans le sacramentaire de Bobbio (vii° s.) (3).

A la suite du cantique de Daniel, un répons est chanté par les enfants en souvenir des adolescents qui allèrent au-devant du Seigneur en criant : *Hosanna! Béni celui qui vient au nom du Seigneur!* Ce répons triomphal, qui retentit si joyeusement dans toutes les églises des Gaules à l'avènement de Clovis, est ici en rapport avec la proclamation solennelle de l'Évangile qui va suivre. Il tient lieu du *Versus in Alleluia* ou du *Cantus ante Evangelium* de la messe ambrosienne, ainsi que du verset *Lauda Alleluia* de la messe wisigothique, verset qui a été reporté après l'Evangile, suivant l'ordonnance du quatrième Concile de Tolède (can. 12) en 633 (4).

---

(1) GRÉG. DE TOURS, *Hist. des Francs*, I, 31.
(2) Cf. S. ORIENTIUS, *Commonitorium fidelibus*, t. II, 180 :
  « *Per pagos, totis inde vel inde viis*
  Mors, dolor, excidium, strages, incindia, luctus,
  Uno fumavit Gallia tota rogo. »
(3) *Cf.* Mabillon, *Musaeum Italicum*, t. 1, p. 283; *P. L.*, t. LXXII, p. 458.
(4) *Conc. Tolet.*, IV, can. 12 : « *In quibusdam quoque ecclesiis Laudes post Apostolum decantantur, priusquam Evangelium praedicetur, dum canones praecipiunt post Apostolum non Laudes sed Evangelium annuntiari.* »

GERMAIN : Tunc in adventum sancti Evangelii claro modulamine denuo psallet clerus Aius... Egreditur processio sancti Evangelii velut potentia Christi triumphantis de morte, cum praedictis harmoniis et cum septem candelabris luminis, quae sunt septem dona Spiritus sancti vel v(eteris) legis lumina mysterio crucis confixa, ascendens in tribunal analogii, velut Christus sedem regni paterni, ut inde intonet dona vitae clamantibus clericis : « Gloria tibi Domine ! »... « Sanctus » autem quod redeunte sancto Evangelio clerus cantat, etc.

La troisième leçon, l'Évangile, est entourée d'une grande pompe. L'Évangile, précédé de sept luminaires symbolisant les sept dons du Saint-Esprit, est porté processionnellement à l'ambon qui représente le trône du Christ. Pendant la procession, les clercs chantent de nouveau l'*Aius*. L'annonce de la parole de vie est suivie de l'acclamation : *Gloria tibi Domine* qui est commune à toutes les liturgies latines. La lecture terminée, l'Évangile revient processionnellement au chant du *Sanctus* que chantent les clercs à la manière des saints acclamant le Christ à la sortie des enfers, ou à la manière des vingt-quatre vieillards de l'Apocalypse, jetant leurs couronnes devant l'Agneau en proclamant sa gloire, son honneur et sa puissance (*Apoc*. IV, 10-11).

5° HOMÉLIE

GERMAIN : Homeliae autem sanctorum quae leguntur pro sola praedicatione ponuntur, ut quicquid Propheta, et Apostolus vel Evangelium monuit, hoc doctor vel pastor ecclesiae apertiori sermone populo praedicet, ita arte temperans ut nec rusticitas sapientes offendat, nec honesta loquacitas obscura rusticis fiat.

Ce conseil pratique vise la prédication des prêtres dans les paroisses rurales : ces prêtres se serviront de recueils d'homélies des Pères qu'ils liront et dont ils s'inspireront pour commenter au peuple telle des trois leçons scripturaires qui sont de règle dans la liturgie gallicane. Le Concile de Vaison (529), dans son deuxième canon, avait en effet, édicté que l'on doit prêcher, non seulement dans les cités, mais aussi dans les paroisses rurales. Et le concile d'ajouter : « Si le prêtre ne peut prendre la parole à cause de ses infirmités, les diacres feront une lecture des homélies des saints Pères. Car, les diacres étant dignes de lire les paroles du Christ dans l'Évangile, pourquoi seraient-ils indignes de lire les sermons des saints Pères? » (1) On sait combien saint Césaire d'Arles qui présida le concile de Vaison, fut zélé pour la prédication. Suivant la juste remarque de Mᵉʳ Duchesne, ses homélies ont précisément les qualtiés de clarté et de simplicité que saint Germain réclame. (2)

6° LA PRIÈRE POUR LE PEUPLE
ET LE RENVOI DES CATÉCHUMÈNES

GERMAIN : Precem vero psallere levitas pro populo ab origine libr Moysacis ducit exordium, ut audita Apostoli praedicatione levitae pro populo deprecentur et sacerdotes prostrati ante Dominum pro peccatis populi intercedent.

La prière pour le peuple ou « prière catholique » (3) suit l'homélie ; elle se compose, comme dans les liturgies orientales, d'une série de monitions faites par le diacre et d'une collecte prononcée par le célébrant. Je relèverai à ce sujet, dans un sermon de saint Césaire d'Arles, une indication qui souligne heureusement la portée des mots : *sacerdotes prostrati ante Dominum*, du texte de l'*Expositio* : « Mes très chers Frères, je vous prie et vous rappelle que chaque fois que les clercs prient auprès de l'autel ou que la prière est indiquée à haute voix par le diacre, vous incliniez avec fidélité non seulement vos cœurs, mais aussi vos corps. Car, tandis que souvent, comme il convient, je fais soigneusement attention, au moment où le diacre proclame : *Flectamus genua*, je m'aperçois que la plupart d'entre vous restent debout, tels des colonnes. Cela ne convient absolument pas et n'est nullement profitable à des chrétiens lorsqu'on prie à l'église, car ce n'est pas pour nous, mais pour vous que le diacre lance sa proclamation. » (4)

---

(1) *Conc. Vasense*, can. 2 : « *Hoc etiam pro aedificatione omnium ecclesiarum et pro utilitate totius populi nobis placuit, ut non solum in civitatibus, sed etiam in omnibus parochiis verbum faciendi daremus presbyteris potestatem; ita ut si presbyter aliqua infirmitate prohibente per seipsum non potuerit praedicare, sanctorum Patrum homiliae a diaconibus recitentur. Si enim digni sunt diacones quod Christus in Evangelio locutus est legere, quare indigni iudicentur sanctorum Patrum expositiones publice recitare?* »

(2) *Origines du culte chrétien*, p. 197.

(3) Cf. J.-B. Thibaut, « Le Pseudo-Denys l'Aréopagite et la « prière catholique », dans *Echos d'Orient*, juill.-sept. 1921, p. 283-294.

(4) Caesar. Arel., serm. CCLXXXVI, 1, de l'Append. Aug. : « *Rogo et admoneo vos, fratres charissimi, ut quotiescumque iuxta altare a clericis oratur, aut oratio diacono clamante indicitur, non solum corda, sed etiam corpora fideliter inclinetis. Nam dum frequenter, sicut oportet, et diligenter attendo, diacono clamante, Flectamus genua; maximam partem velut columnas erectas stare conspicio... Cf. etiam*, serm. CCLXXXV, 1.

J'infère de ce texte que, par une dérogation particulière à l'usage antique d'après lequel on devait prier debout et sans fléchir les genoux les dimanches et pendant tout le temps de la Pentecôte, dans la liturgie gallicane, les oraisons communes et la prière litanique pour le peuple devaient toujours s'accomplir à genoux. Le rituel gallican me semble avoir adopté ce genre d'attitude très convenable à la supplication, et peut-être aussi l'ordre d'exécution des monitions diaconales à la liturgie des *Constitutions apostoliques*. Dans cette dernière, en effet, la prière litanique pour les fidèles débute exceptionnellement par cette formule : « Fléchissons les genoux et prions Dieu instamment par Jésus-Christ. » (1)

Le diacre énumère ensuite les intentions de la prière générale : « Pour la paix et le bien-être du monde... Pour la sainte Église catholique et apostolique... Pour les évêques, les prêtres, les diacres, les lecteurs, les chantres, les vierges, les veuves, les orphelins et les gens mariés... Pour les bienfaiteurs de l'Eglise et des pauvres... Pour les néophytes... Pour les malades... Pour les voyageurs... Pour les captifs, etc. » Le peuple agenouillé s'associe à toutes ces intentions en redisant d'une manière incessante l'invocation : *Kyrie eleison!* A la dernière recommandation le diacre ajoute cette formule suggestive : « Sauvez-nous, relevez-nous, ô Dieu ! par votre miséricorde ! Levons-nous, prions instamment et recommandons-nous nous-mêmes et mutuellement au Dieu vivant par Jésus-Christ son Fils. » Sur ce, l'évêque ou le prêtre officiant prononce la collecte.

Les livres liturgiques mérovingiens, qui ne contiennent que la partie du célébrant, n'ont malheureusement conservé aucun texte gallican de cette litanie diaconale. Le sacrementaire d'Autun (*Missale gothicum* de Mabillon) a une collecte *Post preces* pour la messe du jour de Pâques (2) et une collecte *Post precem* à la messe de Noël (3).

COLLECTIO POST PRECEM

Exaudi, Domine, familiam tibi dicatam et tuae ecclesiae gremio in hac hordiena solemnitate Nativitatis tuae congregatam ut laudes tuas exponat. Tribue captivis redemptionem, caecis visum, peccantibus remissionem; quia tu venisti ut salvos facias nos. Aspice de

---

(1) Dans les autres liturgies grecques, la litanie diaconale s'ouvre au contraire par cette formule : *Levez-vous pour la prière :* 'Επὶ προσευχὴν στάθητι. Cf. Brightman, *op. cit.*, p. 119, 158, 215, 262. Une des rares exceptions à signaler sur ce point a trait à la liturgie des Coptes jacobites qui prescrit des génuflexions à chacune des monitions du diacre. Cf. Brightman, *ibid.*, p. 159.

(2) *P. L.*, t. LXXII, p. 277.

(3) *Ibid.*, p. 227.

caelo tuo et inlumina populum tuum, quorum animus in te plena devotione confidit; salvator mundi, qui vivis, etc.

Il y a lieu de rappeler ici qu'à cette antique prière des fidèles résumée par la collecte de l'évêque ou du prêtre, correspondent, dans l'usage actuel en France, les prières dites du prône, entre l'Évangile et l'homélie.

GERMAIN : Catechumenum ergo diaconus ideo clamat, iuxta antiquum Ecclesiae ritum, ut tam Iudaei quam haeretici vel pagani, qui grandes ad baptismum probabantur, starent in ecclesia et audirent consilium veteris et novi Testamenti, postea deprecarent pro illis levitae, diceret sacerdos collectam post precem, exirent postea foris, qui digni non erant stare dum inferebatur oblatio, et foras ante ostium abscultarent prostrati ad terram magnalia Dei, etc.

Il ressort de ce texte, que dans la seconde moitié du vi⁰ siècle, le renvoi des catéchumènes ne subsistait que comme un rite antique qu'on avait besoin d'expliquer. Le Concile d'Epaone (517), can. 29, le mentionne simplement comme un rite accoutumé : *cum catechumeni procedere commonentur.* Cassien, dans ses *Institutions*, parle incidemment du renvoi des catéchumènes comme relevant de l'office du diacre, en citant le cas d'un moine de Scété, qui, tout en travaillant dans sa cellule, s'était pris à contrefaire le prédicateur, puis, changeant de rôle, à imiter le diacre prononçant avec éclat l'envoi aux catéchumènes (1). L'*Expositio* ne parle pas du renvoi des pénitents. Cependant, nous voyons le Concile de Lyon de l'an 517 (can. 6) accorder à des pénitents la faculté de rester à l'église, jusqu'à la prière pour le peuple inclusivement, *usque ad orationem plebis quae post evangelia legeretur.* Ce qu'il importe surtout de faire observer ici, c'est que le renvoi des catéchumènes et des indignes est prononcé après la prière pour le peuple comme dans les liturgies byzantines, tandis que ce même renvoi était intimé avant dans la liturgie de saint Hippolyte de Rome et dans toutes les liturgies latines qui en dépendent originairement, j'entends : celles de Milan, d'Afrique et de l'Espagne.

GERMAIN : Spiritualiter iubemur silentium facere (2) observantes ad ostium, id est ut tacentes a tumultu verborum vel vitiorum. Signum

---

(1) CASS. *Inst.*, XI, 16 : « ... *mutato rursum officio celebrare velut diaconum calechumenis missam.* »

(2) *Iubemur silentium facere* est ici une indication rubricaire bien placée. C'est à tort, selon nous, que M⁰ʳ Batiffol a voulu retoucher cette phrase en con-

cruois ponamus ante faciem nostram, ne intret concupiscentia per
oculos, ira per aurem, ne prodeat sermo turpis ex labiis, et hoc solum
cor intendat ut in se Christum suscipiat.

Après avoir congédié les catéchumènes, le diacre, suivant la coutume antique, intime le silence aux assistants, tout en recommandant
la surveillance des portes, ce que saint Germain interprète ici des
portes de l'âme, c'est-à-dire des sens que l'on prémunit aussitôt
contre toute faiblesse en traçant sur eux le signe de la croix. En
principe, il s'agit des portes de l'église que les ministres de rang
inférieur devaient surveiller afin qu'aucun profane ne pût pénétrer
dans l'assemblée. A cet instant solennel, tous les fidèles debout
s'unissaient d'esprit et de cœur à la prière secrète de l'oblation
récitée à voix basse par l'évêque au moment où le Christ-médiateur
comparait pour nous devant la face de Dieu (*Hebr.* ix, 23).

7° PROCESSION DE L'OBLATION

GERMAIN : De sono. Sonum autem quod canitur quando procedit
oblatio, hino traxit exordium. Praecepit Dominus Moysi, ut faceret
tubas argenteas, quas levitae clangerent quando offerebatur hostia...
Nunc autem procedente ad altarium corpore Christi, non iam tubis
inrepraehensibilibus, sed spiritalibus vocibus praeclara Christi magnalia dulci melodia psallit Ecclesia.

Le rite de l'offrande du peuple, à ce moment de la messe, ainsi
que le fait observer Mgr Duchesne, est romain d'origine et incom-
patible avec celui de la *processio oblationis*, commun à l'usage gallican et à l'usage oriental (1). C'est donc à tort que l'on invoque
d'ordinaire le canon 4 du concile de Mâcon de 585, faisant un
devoir « aux hommes et aux femmes d'offrir à l'autel le pain et le
vin » (2), pour prouver que le rite gallican comportait un véritable
offertoire (3). Cette offrande prescrite était accomplie par les
fidèles avant l'action liturgique. Celui-là est un bon chrétien, dit
à ce sujet saint Césaire d'Arles, qui, « lorsqu'il vient à l'église,
y apporte aussi les oblations qui sont déposées sur l'autel » (4).

---

jecturant *signaculum* au lieu de *silentium,* quitte à remplacer également le
mot *tacentes* par *abstinentes.* Cf. Mr BATIFFOL, *Etudes de Liturgie,* etc. p. 264.
(1) *Origines du culte chrétien,* p. 204.
(2) HÉFÉLÉ-LECLERCQ, *Hist. des Conciles,* III, 209.
(3) Cf. A. FORTESCUE, *La Messe* (trad. A. BOUDINHON, Paris, 1920), p. 136.
(4) *Sermo* CCLXVI, 2 : « *Ille bonus christianus est, qui quando ad ecclesiam
venit, et oblationes quae in altario mittantur exhibet.* »

Et ailleurs : « Faites présent des oblations qui puissent être consacrées sur l'autel. Tout homme de bien doit rougir s'il reçoit la communion de l'oblation des autres. Que ceux qui le peuvent fasse encore don des cierges ou de l'huile pour alimenter les lampes (1).

L'oblation, comme dans le rite byzantin, a donc été préparée d'avance. Nous sommes ici au cours de l'action liturgique; les éléments sacrificiels, symboles du corps mystique du Christ, sont déjà désignés par prolepse sous les noms de corps et de sang du Christ.

D'après un renseignement fourni par Grégoire de Tours, la procession de l'oblation part de la sacristie (2). Le chœur à ce moment exécute un morceau de chant, analogue au *Cheroubicon* des Byzantins. C'est ce que saint Germain appelle *Sonus*. Il rattache ce nom au précepte de Moïse (*Num.* x, 10) qui ordonnait aux lévites de sonner des trompettes d'argent quand on offrait une victime. Maintenant plus de trompettes, ce qu'on ne saurait d'ailleurs blâmer, mais au moment où s'avance processionnellement vers l'autel le corps du Christ, l'Église chante avec la douce mélodie de ses voix les grandeurs du Christ.

GERMAIN : Corpus vero Domini ideo defertur in turribus quia monumentum Domini in similitudinem turris fuit excisum in petra. Aqua autem ideo miscetur, vel quia decet populum unitum esse cum Domino, vel quia de latere Christi in cruce sanguis manavit et aqua, ut uno mundemur a labe culparum, alio praeparemur ad regna caelorum.

Patena autem vocatur ubi consecratur oblatio, quia mysterium eucharistiae in commemoratione offertur passionis Domini. Palla vero linostima illius indumenti tenet figuram quia in gyro contexta a militibus non fuit divisa, tunica scilicet Christi. Corporalis vero palla ideo pura linea est super quam oblatio ponitur, quia... Coopertorium vero sacramentorum ideo ornatur quia... Siricum autem ornatur aut auro vel gemmis, quia Dominus Moysi in tabernaculo fieri velamina iussit ex auro iacinto et purpura coccoque bis tincto et bisso retorta.

---

(1) *Sermo CCLXV, 2 : « ... oblationes quae in altario consecrantur offerte. Erubescere debet homo idoneus, si de aliena oblatione communicaverit. Qui possunt, aut cereolos aut oleum quod in cicindilibus mittatur exhibeant. »*

(2) GREGOR. TURONEN. *Lib. Miracul.* I, 86 : *« Accepta quoque turre diaconus, in qua mysterium Dominici corporis habebatur, ferre cepit ad ostium ingressus templum ut eam altari superponeret, elapsa de manu eius ferebatur in aera, etc. »*

Le *corpus Christi* est porté dans un vase en forme de tour (1), parce que, au dire de notre auteur, le tombeau dans lequel le corps du Sauveur fut déposé avait la forme d'une tour.

Le *sanguis Christi* est dans un calice, parce que le Christ, la veille de sa Passion, consacra le vin de l'Eucharistie dans un calice.

L'eau est mêlée au vin parce qu'il convient que le peuple soit uni au Christ, raison symbolique empruntée à saint Cyprien de Carthage (2). Ou bien encore parce qu'il sortit du sang et de l'eau du côté transpercé du Sauveur sur la croix. Cette raison historique est, en effet, mentionnée dans la liturgie milanaise (3) et dans maintes liturgies orientales au cours de la prière qui accompagne le rite du mélange de l'eau et du vin (4).

La patène est le vase de forme plate sur lequel on consacre l'Eucharistie en mémoire de la Passion du Seigneur. Comme le fait observer Mgr Batiffol, cette raison du nom donné à la patène suppose que notre auteur fait venir *patena* de *pati* (5).

Saint Germain fait également mention de trois voiles. Le premier est la *palla linostima* en toile de lin, qui figure la tunique sans couture tirée au sort par les soldats romains après qu'ils eurent crucifié Jésus. Cette *palla* est la nappe qui recouvre la table de l'autel en retombant tout autour. Il en est fait mention dans le *Missale Francorum* dans la prière d'ordination des sous-diacres (6). Le second est la *corporalis palla* ou corporal sur lequel on dépose l'hostie. Ce linge sacré doit être de pur lin en souvenir du blanc linceul dans lequel le corps du Seigneur fut enveloppé dans le tombeau. Le troisième porte le nom de *coopertorium* (ms. *coopertum*) *sacramentorum*, ou voile des saints mystères, qu'on étend sur les oblats disposés sur l'autel. Cet ornement doit être en soie et enrichi d'or ou de gemmes, à l'imitation des voiles précieux du tabernacle mosaïque.

Grégoire de Tours parle à plusieurs reprises du voile des saints

---

(1) Grégoire de Tours, dans son *Historia Francorum* (X, 31), rapporte que l'évêque Léon, qui fut le treizième successeur de saint Martin, en 526, était un habile menuisier qui fabriquait des tours en bois recouvertes d'or *(turres olocriso tectas)*. Cité par Mgr BATIFFOL, *Études de Liturgie*, p. 284.

(2) S. CYPRIANI, *De oratione*, 31.

(3) *De latere Christi exivit sanguis et aqua, in nomine Patris et Filii et Spiritus sancti. Amen.*

(4) *Liturgie malabare :* « *Venit unus ex militibus, et percussit lancea latus Domini nostri Iesu Christi, et continuo ixivit sanguis et aqua, etc.* » *(Joan. XIX, 34-35.)*

(5) Mgr BATIFFOL, *op. cit.*, p. 266.

(6) *Pallae vero quae sunt in substratorio in alio vase debent lavi, in alio corporales pallae. Ubi pallae corporales lavatae fuerint, nullum linteamen ibidem aliud debet lavi; ipsa aqua in baptisterio debet vergi.*

mystères qu'il désigne sous les noms de *pallium siricum*, *pallium altaris* (1) et *coopertorium*. Il rapporte notamment qu'un homme de condition ayant fait don d'un *coopertorium* très précieux, mais transparent, il fut défendu de s'en servir parce qu'il ne pouvait pas mettre complètement à l'abri du regard le mystère du corps et du sang de Notre-Seigneur (2). En vérité, le pallium de soie ne saurait être trop richement orné puisqu'il recouvre et symbolise les mystères du Christ, souverain Sacrificateur, qui nous a ouvert au travers du voile de sa chair la voie nouvelle et permanente du Saint des saints (*Hebr.* x, 19-20).

GERMAIN : Laudes autem hoc est « Alleluia » Iohannes in Apocalypsi post Christi resurrectionem in caelis audivit psallere. Ideo hora illa (corpus) (3) Domini pallio quasi Christus tegitur caelo, Ecclesia solet angelicum canticum (psallere). Quod autem habet ipsa « Alleluia » prima et secunda et tertia, signat tria tempora ante legem, sub lege, sub gratia.

Le *Sonus*, comme le chant du *Cheroubicon* byzantin, se termine par l'acclamation laudative de l'*Alleluia* répétée par trois fois, pour représenter les trois états du monde : avant la loi mosaïque, sous cette loi et sous la loi de grâce. Notre auteur appelle ces acclamations *Laudes*. A noter qu'il y voit un emprunt à l'Apocalypse de saint Jean. De fait, c'est sur cette indication qu'il m'a été donné d'établir ailleurs que le thème et l'ordonnance de la cérémonie de la « Grande Entrée », qui correspond dans les liturgies byzantines à la procession de l'oblation du rite gallican, « ont été empruntés jusque dans leurs moindres détails, y compris l'hymne chérubique de l'*Alleluia*, au chapitre xix de l'Apocalyse dans lequel l'apôtre saint Jean relate d'inspiration la grande scène finale de l'univers et la victoire suprême du Christ sur l'Antéchrist » (4). Dans une étude toute récente, j'émets l'opinion que cette cérémonie est une création de l'Église de Jérusalem effectuée vers le milieu du vi⁰ siècle. Chose bien surprenante, le patriarche de Constantinople, saint Eutychius, contemporain de saint Germain de Paris († 576), réprouve hautement

---

(1) GREGOR., *Hist. Franc.* VII, xxii, p. 270-271.

(2) *Vit. Patr.*, VIII, 11 : « *Coopertorium vero, quia rarum est non ponatur super munera altaris, quia non exinde ad plene tegitur mysterium corporis sanguinisque Domini.* »

(3) Le texte présente ici une lacune. Nous proposons de rétablir le mot *corpus* qui est appelé par le contexte.

(4) J.-B. THIBAUT, *Monuments de la notation ekphonétique et hagiopolite de l'Eglise grecque.* Saint-Pétersbourg, 1913, p. 22-23.

dans un de ses sermons l'introduction du rite de la « Grande Entrée » dans la liturgie commune (1). Ce fut le patriarche Jean le Jeûneur qui, peu après, lui donna droit de cité dans l'*Ordo* de Constantinople, en 582 (2).

En ce qui concerne l'Église gallicane, la procession solennelle de l'oblation accompagnée du *Sonus* et des *Laudes*, me semble avoir été introduite dans la métropole d'Arles par saint Césaire, à l'imitation d'une coutume nouvelle pratiquée en d'autres cités voisines. A plusieurs reprises dans ses sermons, le grand évêque reproche à ses fidèles de sortir précipitamment de l'église après les lectures (3), sans faire d'ailleurs la moindre allusion à l'importante cérémonie de l'Offertoire qui aurait dû les retenir. Par contre, dans le sermon CCLXXXIV pour le jour de l'Épiphanie, saint Césaire ne sait comment exprimer toute sa satisfaction à ces mêmes fidèles pour l'empressement qu'ils ont mis à adopter une coutume nouvelle de chanter. « Voilà plusieurs années, leur dit-il, que mon âme brûlait de zèle à ce sujet, et que je désirais de tout mon cœur que le Seigneur vous inspirât de recevoir ce mode de chant. C'est pourquoi je bénis mon Seigneur et ne cesse de lui rendre grâces autant que je puis de ce qu'il a daigné accomplir mon désir. Lorsque, en effet, je souhaitais vous voir chanter suivant la manière employée en d'autres villes voisines, Dieu a si bien préparé votre âme que, le Seigneur aidant, vous accomplissiez cela encore mieux. » (4) Assurément, il ne peut être question ici de l'introduction d'un nouveau mode de psalmodie dans l'Église, mode qui n'aurait d'ailleurs laissé aucune trace. Il s'agit donc plutôt d'une modification apportée dans l'ordonnance de la liturgie par l'adjonction d'une pièce mélodique,

---

(1) S. Eutychii, *Sermo de Paschate et SS. Eucharistia*, 8; *P. L.*, t. LXXXVI, 2400-2402. Cf. J.-B. Thibaut, « Origine de la messe des Présanctifiés », dans *Echos d'Orient*, janvier-mars, 1920, p. 45.

(2) Cf. J.-B Thibaut, *Ordre des offices de la Semaine Sainte à Jérusalem*, p. 107-108; S. Ioannis Jejunatoris, « *De sacra liturgia* », dans Pitra, *Spicilegium Solesmense*, t. IV, p. 442.

(3) Serm. CCLXXXI, 1 : « *Et quamvis multi sint, de quorum fide et devotione raudeamus, sunt tamen plures minus de salute animae suae cogitantes, qui lectis ifvinis lectionibus statim de ecclesia foris exeunt.* » Cf. etiam serm. CCLXXXII, 1 (Append. Aug.).

(4) Serm. CCLXXXIV, 1 : « *De nova psallendi consuetudine.* « *Gaudium, quod mihi Dominus de vestra sancta et fideli devotione concessit, verbis non praevaleo explicare. Plures enim erant anni, quod pro hac re aestuabat animus meus, et tota cordis intentione desiderabam, ut istam psallendi consuetudinem vobis pius Dominus inspiraret... Cum enim vos ego ita psallere desiderarem, quomodo in aliis vicinis civitatibus psallebatur; taliter Deus praeparavit animum vestrum, ut hoc etiam melius, adiuvante Domino, compleatis.* » Le verbe *psallere*, employé par saint Césaire pour caractériser le nouveau mode de chant, est également appliqué par saint Germain à la mélodie du *Sonus* et des *Laudes*.

modification destinée à rester constante et à passer en coutume. Tout bien considéré, cette pièce mélodique nouvelle ne peut être que celle du *Sonus* et des *Laudes*. A noter, du reste, l'emploi fréquent du mot *sonus* et du verbe *sonare* dans le paragraphe suivant de ce même sermon CCLXXXIV : *Et Spiritus sanctus, qui vobis sonat in ore, ipse etiam habitare dignetur in corde*, etc. Quoi qu'il en soit de cette interprétation, saint Césaire semble bien avoir exercé son rôle d'initiateur dans le développement des rites pompeux de l'Offertoire à la messe gallicane, car quelques années seulement après sa mort (543), le V⁰ Concile d'Arles (554) jugeait bon d'établir que tous les évêques de la province aient à accomplir les cérémonies du transfert de l'oblation sur l'autel dans la forme employée par l'Église d'Arles à l'exclusion de toute autre coutume (1).

Selon toute vraisemblance, c'est également à l'imitation plus directe des liturgies byzantines que le Concile de Rouen de 65o prescrivit de procéder à l'encensement des oblats à la fin de l'Offertoire, et ce, en mémoire de l'ensevelissement de Notre-Seigneur par les soins de Joseph d'Arimathie, qui déposa son corps sacré dans un sépulcre nouveau après l'avoir enveloppé d'un blanc linceul avec des aromates (2).

7° PRIÈRE DU VOILE

D'après saint Germain, pendant la triple acclamation de l'*Alleluia*, on étend sur l'oblation (le *corpus Domini*) le voile précieux qui la recouvre, comme le ciel environne le Christ (3). Notre auteur n'ayant pas à s'occuper de la partie de l'officiant, ne mentionne pas la prière du voile qui se place ici dans la liturgie gallicane. Cette prière est précédée d'une préface en manière d'exhortation adressée aux fidèles afin de les porter à demander la grâce du « mystère du jour ». Cet exorde est intitulé *Praefatio missae*, préface de l'envoi. De toute évidence, le qualificatif d'envoi ou message caractérise la collecte qui l'accompagne sous la rubrique : *Collectio sequitur*, et qui, elle,

---

(1) « *Ut oblatae quae in sancto offeruntur altario a comprovincialibus episcopis non aliter nisi ad formam arelatensis offerantur ecclesiae* .» Mansi, *Conc.*, t. IX, col. 702.

(2) *Concilium Rothomag.* (circa 65o), can. *1* : « *Ut tempore quo Evangelium legitur, finitoque offertorio, super oblationem incensum, in mortem videlicet redemptoris nostri, ponatur, decrevimus.* » Mansi, *Concil.*, t. X, col. 1199.

(3) *Ps.* cii, 2 : « *Amictus lumine sicut vestimento.* » Dans la liturgie nestorienne qui a tant de rapports avec la gallicane, le prêtre, en recouvrant les oblats du voile précieux, récite cette prière · « *Amictus es lumine sicut vestimento, et extendisti caelum sicut cortinam, nunc et semper in saecula saeculorum.* Cf. Lebrun, *Expl. des prières et des cérém. de la messe*, éd. de 1860, t. III, p. 402.

est adressée à Dieu. Nous en avons un bel exemple dans le sacramentaire d'Autun (*Missale gothicum* de Mabillon) où se trouve reproduit en entier l'*ordo missae* de la fête de Noël, messe choisie qui nous sert pareillement de modèle.

PRAEFATIO MISSAE

Sacrosanctum beatae Nativitatis diem, in quo, nascente Domino, « virginalis uteri arcana laxata sunt », incorruptorumque genitalium pondus saeculi levamen effusum est, sicut exoptavimus votis ita veneremur et gaudiis. Hic namque ortus die splendidior, luce coruscantior est. In hoc omnipotentem Deum qui terrenam fragilemque materiam causa nostrae redemptionis adsumpsit. Fratres dilectissimi, supplices deprecemur, uti nos, quos ortu corporis visitavit, societate conversationis edocuit, praecepto praedicationis instituit, degustatione mortis redemit, participatione, mortis amplexus est, divini Spiritus infusione ditavit, sub perpetua devotione custodiat; et in his beati famulatus studiis permanere concedat qui cum Patre et Spiritu Sancto vivit et regnat Deus in saecula saeculorum.

COLLECTIO SEQUITUR

Deus, qui dives es in misericordia, qua mortuos nos peccatis convivificasti Christo filio tuo, ut formam servi acciperet qui omnia formavit, ut qui erat in deitate generaretur in carne, « ut involveretur in pannis » qui adorabatur in stellis, ut iaceret in praesepio qui regnabat in caelo; invocantibus nobis aurem maiestatis tuae propitiatus adcommoda, donans hoc per ineffabilem tuae misericordiae caritatem, ut qui exultavimus de nativitate Filii tui, qui vel ex virgine natus vel ex Spiritu sancto regeneratus est, pareamus praeceptis eius quibus nos edocuit ad salutem. Praesta, per dominum nostrum Iesum Christum Filium tuum, qui tecum, etc.

Nous retrouverons plus loin, à la fin de la messe, une semblable combinaison concernant la Communion et la Collecte qui lui fait suite.

Chose digne de remarque, la structure et le mode d'exécution de ces formules de prières gallicanes correspondent d'une manière inattendue, non à la forme rituelle des prières collectives en usage dans l'ensemble des liturgies orientales, mais à celle de l'Église romaine et romano-africaine. Reste à en faire la preuve, car si notre assimilation peut se justifier, cette donnée exceptionnelle revêt une importance considérable pour l'étude des origines de la messe gallicane.

Dans les liturgies latines, les oraisons solennelles, justement qualifiées de sacerdotales, comportent, en principe, une préface en forme de proclamation et d'exhortation prononcée à haute voix par le célébrant lui-même ainsi que la collecte ou oraison proprement dite à laquelle tout le peuple s'associe en répondant *Amen*.

Dans les liturgies orientales, par contre, c'est au diacre, faisant fonction de héraut sacré, qu'il appartient de prononcer sur un ton élevé la formule brève d'introduction (προσκομιδή) (1) destinée soit à diriger les intentions des fidèles, soit à les inviter à s'unir à l'oraison collective récitée le plus souvent à voix basse par le prêtre officiant.

Le terme de préface, chez les Latins, est attesté pour la première fois avec un sens liturgique par saint Cyprien. Dans son *De oratione*, le grand évêque de Carthage désigne spécialement sous le nom de *prefatio* la formule d'exhortation *Sursum corda*, par laquelle le prêtre lui-même prépare l'esprit des fidèles avant la prière insigne du canon eucharistique (2). Le IIᵉ Concile de Milève (en 416) prescrit, dans son 12ᵉ canon, « que les supplications, les oraisons ou envois (*missæ*) qui auront été approuvés en Concile, de même que les préfaces et les recommandations ou impositions des mains, soient célébrés par tous » (3). Avec saint Augustin, nous assistons à l'église d'Hippone à l'émission des prières sacerdotales dûment composées de préfaces et de collectes : « Lorsque tu entends le prêtre de Dieu à son autel exhortant le peuple de Dieu, ou bien priant lui-même à haute voix pour qu'il incite les nations incrédules à venir à sa foi, est-ce que tu ne réponds pas *Amen* ? » (4)

La liturgie romaine a conservé trace de cette forme de prière précédée d'une exhortation dans la simple formule *Oremus* prononcée par le prêtre avant chaque oraison principale. Nous en avons, du reste, un spécimen authentique dans l'admirable suite des « prières solennelles » du Vendredi-Saint. Mais il y a plus ; l'antiquité chrétienne nous a légué un parfait modèle de ce genre d'intercession

----

(1) Le mot προσκομιδή par lequel on désigne aujourd'hui la cérémonie de la préparation des oblats sur l'autel de la prothèse, s'appliquait autrefois à la litanie diaconale, comme en témoigne ce texte de Jean Moschus : Εἶπεν τὴν προσκομιδὴν ὡς ἐν τάξει τῆς στιχολογίας. *Pratum spirituale* 196. P. G., t. LXXX, col. 2869 D.

(2) S. CYPRIANI, *De oratione dom.*, XXXI ; *Ideo et sacerdos ante orationem prefatione praemissa parat fratrum mentes dicendo : « Sursum corda. »*

(3) MANSI, *Conciliorum collectio*, t. IV, col. 330 : « *Placuit enim... ut preces, vel orationes seu missae, quae probatae fuerint in concilio, sive prefationes, sive commendationes, seu manus impositiones, ab omnibus celebrantur.* »

(4) Ep. CCXVII, 26 : « *Numquid ubi audieris sacerdotem Dei ad eius altare populum hortantem ad Deum orandum, vel ipsius clara voce orantem ut incredulas gentes ad fidem suam venire compellat non respondebis. Amen ?* »

dans la longue prière liturgique qui termine la Ire Épître de saint Clément de Rome.

Dans cette lettre, écrite entre les années 95-98, saint Clément, après s'être efforcé de calmer les dissensions qui avaient éclaté parmi les fidèles de l'Église de Corinthe, les convie comme suprême argument à réciter en union avec lui la grande prière pacifique de la liturgie (LIX-LXI) :

« S'il en est quelques-uns, dit-il, qui n'obéissent pas aux paroles que nous vous avons adressées par lui (Dieu), qu'ils sachent qu'ils s'engagent dans une situation et dans un danger graves. Pour nous, nous serons innocents de ce péché, et nous intercéderons d'une manière incessante (ἐκτενῆ) en faisant l'*invocation* (δέησιν) et la *supplication* (ἰκεσίαν) (1) :

PRÉFACE
> Afin que le Créateur de l'univers conserve intact le nombre des élus dans le monde entier; par son Fils bien-aimé Jésus-Christ, par qui il nous a appelés des ténèbres à la lumière, de l'ignorance à la connaissance de la gloire de son nom.

Cette phrase en forme d'exhorde ou de préface, indique d'une manière générale le but et le sens de la prière liturgique qui va suivre. Celle-ci, nettement caractérisée par une brusque transition de la troisième personne à la deuxième, est composée, en effet, d'une longue suite de thèmes euchologiques correspondant alternativement l'un, à la prière laudative ou invocation, l'autre à la supplication, témoin ces deux stances initiales (2) :

INVOCATION (Δέησις)
> Pour nous faire espérer en ton nom principe de toute créature,
> Tu as ouvert les yeux de nos cœurs pour qu'ils te connaissent,
> Toi le seul Très-Haut dans les lieux sublimes.
> Le Saint qui repose au milieu des saints.
> Toi qui abaisses l'insolence des orgueilleux,
> Qui déroutes les calculs des peuples,
> Qui exaltes les humbles
> Et qui abaisses les grands;
> Toi qui enrichis et appauvris,
> Toi qui tues, qui sauves et qui vivifies,
> Unique Bienfaiteur des esprits,

---

(1) Καὶ αἰτησόμεθα ἐκτενῆ τὴν δέησιν καὶ ἰκεσίαν ποιούμενοι. Relevons ici la présence du mot ἐκτενῆ qui deviendra un des qualificatifs de la grande intercession, l'*ekténie* ou *prière incessante*.

(2) On discernera aisément cette disposition alternée dans tout l'ensemble de cette pièce liturgique, en examinant à ce point de vue la traduction littérale que nous en avons donnée dans notre étude sur la *Liturgie romaine*, I, p. 24-26.

INVOCATION (Δέησις)	Et Dieu de toute chair ; Toi qui plonges le regard dans les abîmes, Scrutateur des œuvres des hommes, Secours de ceux qui sont dans le danger, Sauveur des désespérés, Créateur et surveillant de tous les esprits ! Toi qui multiplies les peuples sur la terre Et qui as choisi au milieu d'eux ceux qui t'aiment Par Jésus-Christ ton Fils bien-aimé, Par qui tu nous as instruits, sanctifiés, honorés.
SUPPLICATION ('Ικεσία)	Nous t'en prions, ô Maître souverain ! Sois notre secours et notre défenseur, Sauve ceux d'entre nous qui sont dans l'oppression, Prends pitié des humbles, Relève ceux qui sont tombés, Montre-toi à ceux qui sont dans le besoin, Guéris les malades, Ramène les égarés de ton peuple, Rassasie ceux qui ont faim, Délivre nos prisonniers, Fais lever ceux qui sont débiles, Encourage les pusillanimes, Que tous les peuples reconnaissent Que tu es le seul Dieu, Que Jésus-Christ est ton Fils, Que nous sommes ton peuple et les brebis de tes pâturages.

A vrai dire, l'économie particulière de la prière liturgique a son fondement dans l'oraison dominicale et dans la pratique de l'Eglise primitive dont nous possédons un bel exemple de prière commune inséré au Livre des *Actes*, IV, 24-30. Saint Augustin marque la parfaite convenance de ce mode d'intercession en commentant le premier verset du psaume CIV : *Confitemini Domino et invocate nomen ejus*. Cette confession, dit-il, doit s'entendre de la louange, par exemple : *Je te loue, Père, Seigneur du ciel et de la terre* (Matth., XI, 25). Car après avoir émis la louange, il est de coutume de la faire suivre de l'invocation à laquelle se rattachent les désirs de celui qui prie. De là vient que l'oraison dominicale elle-même débute par une brève louange qui est : « *Notre Père qui êtes aux cieux*. Vient ensuite l'exposé des biens qui font l'objet d'une demande... Dieu, en vérité, exauce un suppliant préoccupé de le louer, sa louange étant une preuve d'amour. » (1).

----

(1) *Enarr. in Ps.* CIV, 1 : « ... *Premissa enim laude, invocatio sequi solet ubi desideria precator alligat.* »

Cet ordre classique dans l'énoncé des prières rituelles de l'Eglise est également attesté par le *De Sacramentis* à propos de l'exorcisme de l'eau qui précédait la cérémonie de l'initiation baptismale : *Ubi primum ingreditur sacerdos, exorcismum facit secundum creaturam aquae, invocationem postea et precem defert ut santificetur fons et adsit praesentia Trinitatis aeternae* (1).

Comme dernier argument à l'appui de notre thèse, nous ferons encore observer, qu'aux formules gallicanes de la *Prefatio missae* et de la *Collectio* qui lui fait suite, correspondent, dans la messe wisigothique, les deux oraisons intitulées : la première, *Missa*, et la seconde, *Alia*, c'est-à-dire *Alia missa*. Deux formules en forme d'exhortation et d'invocation, qui sont manifestement un reste des anciennes « prières solennelles » de l'Église romaine.

8° LECTURE DES DIPTYQUES

GERMAIN : Nomina autem defunctorum ideo illa hora recitantur, qua pallium tollitur, quia tunc erit resurrectio mortuorum quando adveniente Christo caelum sicut liber plicabitur.

Après l'envoi ou collecte de l'oblation, on faisait mémoire des vivants et des morts dont les noms étaient inscrits sur les tablettes d'ivoire ou diptyques que l'on déposait sur l'autel pendant le saint sacrifice. Notre auteur ne signale ici que la commémoration des défunts, mais il est certain qu'on y joignait aussi celle des vivants, car le Concile de Vaison (529), can. 4, ordonne comme une chose équitable, que le Pape régnant soit toujours nommé dans toutes les églises de la province (2). On peut citer avec Mabillon, comme spécimen de diptyques du rite gallican, la commémoraison qui figure à la fin de la règle d'Aurélien, évêque d'Arles. Cette pièce comporte une liste de défunts, dont un des plus récents est le roi Childebert, mort en 562. On y demande le repos éternel pour ces morts par l'intercession de la Sainte Vierge et de plusieurs bienheureux dont le dernier est saint Césaire d'Arles (3).

D'après saint Germain, au moment de la récitation des noms des défunts, le voile précieux qui recouvrait les oblats est enlevé, geste

---

(1) *De Sacramentis*, I, 5. On constatera, en effet, le maintien de cette heureuse disposition dans l'ordo du Missel romain au sujet de la bénédiction des fonts baptismaux, le Samedi-Saint. Cette bénédiction comprend d'abord une invocation solennelle, en forme de préface, qui se poursuit en une série d'intercessions à partir des mots : *Procul ergo hinc, iubente te Domine*, etc.

(2) *Conc. Vasense*, can. 4 : « *Et hoc nobis iustum visum est ut nomen Domni Papae quicumque sedi apostolicae praefuerit in nostris ecclesiis recitetur.* »

(3) MABILLON, *Lit. gallic.*; *P. L.*, t. LXVII, p. 195.

symbolique qui suggère la pensée de la résurrection des morts à la
fin du monde quand, à la venue du Christ, le ciel sera replié comme
un livre. L'explication mystique que l'auteur donne de ce rite
témoigne que ce dernier a été inspiré également par cette scène du
livre de l'Apocalypse, xx, 11 : *Puis je vis un grand trône blanc, et
celui qui était assis dessus. La terre et le ciel s'enfuirent devant sa
face, et il ne fut plus trouvé de place pour eux. Et je vis les morts,
les grands et les petits, qui se tenaient devant le trône. Des livres
furent ouverts. Et un autre livre fut ouvert, celui qui est le livre de
vie. Et les morts furent jugés selon leurs œuvres, d'après ce qui était
écrit dans ces livres.* Dans la liturgie byzantine, le voile précieux
dénommé 'Aήp, air, atmosphère, est aussi enlevé après les commémoraisons pendant la récitation de la prière adventice du *Credo*,
à ces mots : *et est monté au ciel.*

Il est de la plus haute importance de faire observer que la place
assignée à la récitation des diptyques dans la liturgie gallicane est
un trait exceptionnel que la liturgie visigothique s'est approprié,
trait qu'on ne retrouve par ailleurs en Orient que dans la liturgie
du Pseudo-Denys l'Aréopagite (1), et dans celle des Chaldéens
et des Nestoriens. Notons, pour l'instant, cette curieuse coïncidence, nous verrons à l'expliquer plus tard.

Dans la liturgie gallicane, la récitation des diptyques était suivie
d'une oraison appropriée dite *Collectio post nomina*.

COLLECTIO POST NOMINA

*Suscipe, quaesumus, Domine Iesu omnipotens Deus, sacrificium
laudis oblatum quod pro tua hodierna Incarnatione a nobis offertur ;
et per eum sic propitiatus adesto ut superstitibus vitam, defunctis
requiem tribuas sempiternam. Nomina quorum sunt recitatione
complexa scribi iubeas in aeternitate, pro quibus apparuisti in carnè,
Salvator mundi, qui cum Patre vivis et regnas,* etc.

Rappelons ici que c'est contre cette commémoration des diptyques
placée immédiatement avant le Canon, que s'élève tout d'abord le
pape Innocent dans sa lettre à Decentius, évêque d'Eugubium
(19 mars 416) : « Bien que rien ne soit inconnu à Dieu, votre pru-
dence reconnaîtra, écrit le Pape, qu'il ne convient pas de dire le
nom (du fidèle qui a donné) avant d'offrir à Dieu ce que le fidèle
a donné. Il faut d'abord présenter à Dieu les offrandes faites, et
ensuite prononcer les noms de ceux qui les ont faites afin qu'ils

---

(1) S. Denys. Aréop., *De Hier. Eccles.*, III, 9.

soient nommés au cours des saints mystères et non au cours de ce que nous plaçons auparavant, afin que par ces mystères mêmes nous leur ouvrions la voie (du salut) par les prières qui suivent ». (1)

9° LE BAISER DE PAIX

GERMAIN : Pacem autem ideo Christi mutuo proferunt ut per mutuum osculum teneant in se caritatis affectum, ut tantum melius proficiat eucharistia suscepta vel benedictio tradita.

Pax Christi, observe très justement Mgr Batiffol, est une expression liturgique bien indiquée. Corriger *Christi* en *Christiani*, comme l'a fait Mgr Duchesne, est introduire un terme dont ne se sert pas l'*Expositio* pour désigner les fidèles (2).

Suivant saint Germain, le baiser de paix est le signe de la charité et de l'union fraternelle qui doit régner entre tous les fidèles pour profiter dignement de l'Eucharistie et de la bénédiction en forme d'absolution générale de toutes leurs offenses, que l'évêque doit prononcer sur eux après la récitation du *Pater*.

Le rite du baiser de paix, emprunté à la liturgie baptismale, occupe bien ici sa place primitive. Cependant, il n'en constitue pas moins un trait gallican, du fait que les Églises latines de Rome, de Milan et d'Afrique ont de bonne heure reporté ce symbole avant la communion.

Cette cérémonie du baiser de paix était accompagnée d'une oraison dite *Collectio ad pacem*.

COLLECTIO AD PACEM

Omnipotens sempiterne Deus, qui hunc diem Incarnationis tuae et partus beatae Mariae virginis consecrasti, quique discordiam vetustam per transgressionem ligni veteris cum angelis et hominibus per Incarnationis mysterium, lapis angularis, iunxisti; da familiae tuae in hac celebritate laetitiam; ut qui te consortem in carnis propinquitate laetantur, ad summorum civium unitatem, super quos corpus adsumptum evexisti, perducantur; et semetipsos per externa com-

---

(1) « *De nominibus vero recitandis, ante quam preces sacerdos faciat atque eorum oblationes quorum nomina recitanda sunt, sua oratione commendet, quam superfluum sit, et ipse pro tua prudentia recognocis ut cuius hostiam nec dum Deo offeras, eius ante nomen insinues, quamvis illi incognitum sit nihil. Prius ergo oblationes sunt commendandae, ac tunc eorum nomina quorum sunt edicenda, ut inter sacra mysteria nominentur, non inter alia quae ante praemittimus ut ipsis mysteriis viam (salutis) futuris precibus aperiamus.* » (P. L., t. XX, col. 553.)

(2) Mgr BATIFFOL, *op. cit.*, p. 268, en note.

plexa iungantur, ut iurgii non pateat interruptio, qui te auctorem
gaudent in sua natura per carnis venisse contubernium. Quod ipse
praestare digneris, qui cum Patre, etc.

Il faut encore signaler ici en quels termes le Pape Innocent Ier,
dans sa lettre à Decentius, relève l'innovation de certains ecclésiastiques qui entendaient placer le baiser de paix avant le Canon, et
aussi, avec quelle autorité il impose et justifie à ce sujet la pratique
courante de l'Église romaine : « Vous dites donc que certains
requièrent que la paix soit donnée au peuple, ou que les prêtres se
la donnent entre eux avant la confection des mystères, lorsque, de
nécessité, la paix doit être indiquée (allusion à la formule : *Pax*
Domini, etc.) après toutes les choses que je ne puis découvrir ; car,
par le baiser de paix, le peuple témoigne de son adhésion à tout ce
qui a été fait dans l'accomplissement des mystères. » (1) Certes, la
place différente assignée au baiser de paix dans l'action liturgique
peut également se justifier. Suivant l'interprétation du Pape Innocent, ce rite, en tant qu'accompli au terme du Canon, revêt une signification plus profonde, qui nécessite sa présence à cet endroit ; pour
lui, comme pour Tertullien, le baiser de paix est le sceau de la
prière eucharistique, *signaculum orationis* (*De orat.*, XIV), le sceau
du sacrement de l'unité chrétienne qu'est l'oblation du saint sacrifice.

10° LA PRIÈRE EUCHARISTIQUE

**GERMAIN : Sursum corda ideo sacerdos habere admonet ut nulla
cogitatio terrena maneat in pectoribus nostris in hora sacrae oblationis, tanto melius recipiatur Christus in mente quanto sola cogitatio
ipsum conatur adtendere.**

La grande prière sacerdotale des saints mystères est à peine
indiquée par saint Germain, et sur ce point capital nous devrons
avoir recours à d'autres témoignages.

La première partie du canon eucharistique allant du *Sursum corda*
au *Sanctus* est désignée le plus fréquemment dans les livres liturgiques mérovingiens et dans le Sacramentaire de Bobbio, sous le
titre significatif de *Contestatio.* Cependant, on trouve encore assez
souvent le terme *Immolatio* dans le *Missale gothicum* et dans le
Missale gallicanum.

Contestatio est alors employé au sens classique d'attestation, de

---

(1) *Ep. ad. Dec.* : « *Pacem igitur asseris ante confecta mysteria quosdam populis,
impertiri, imperare, vel sibi inter sacerdotes tradere, cum post omnia, quae ape-
rire non debeo, pax sit necessario indicenda.* »

protestation, de confession ou profession de foi. Il tire manifestement son origine de l'attestation solennelle du peuple et du pontife
qui marque le début du canon eucharistique : *Habemus ad Dominum.*
— *Vere dignum et iustum est.* Saint Cyrille de Jérusalem, dans sa
V⁰ catéchèse « mystagogique », expliquant la liturgie aux néophytes,
leur dit : « ... Vous répondez : *Nous avons nos cœurs élevés vers le
Seigneur*, ainsi vous protestez que vous faites ce que le pontife
a demandé. » Saint Augustin, dans un sermon de jour de Pâques
adressé à de nouveaux baptisés, leur déclare de même : « *Et vos
adtestamini : Dignum et iustum est.* » (Serm. CCXXVII.) Vous êtes
à l'audience de Dieu, expliquait-il en une autre circonstance aux
fidèles, « on écrit vos réponses, il faut qu'elles soient sincères » (1).
Gennadius, au v⁰ siècle, fait allusion à l'emploi du mot *Contestatio*
dans la liturgie gallo-romaine, à la fin de la notice qu'il consacre au
prêtre Musaeus de Marseille (458), qui « composa un Sacramentaire
(Missel) remarquable... ouvrage très convenable dans son ensemble
à la manière de supplier Dieu et de confesser *(et contestandi)* ses
bienfaits » (2). Du Cange, dans son glossaire, s. v. *Contestatio*,
emprunte, sans plus de précision, à un manuscrit de la bibliothèque
de Thou, ce passage des plus significatifs : *Contestatur sacerdos
fixam et veram professionem populi, id est, Gratias referre Deo
dignum esse.* En fait, le terme de *Contestatio* est employé comme
une expression courante par Grégoire de Tours dans sa biographie de saint Martin (3).

Quant au titre d'*Immolatio missae* employé dans certains livres
gallicans, il est bien difficile de lui assigner comme tel une signification autre que celle de *Sacrifice de la messe*, bien que ce titre ne
porte, par destination, que sur la première partie du Canon.

Tout en récusant la théorie de Dom Cagin sur la *conformatio
Sacramenti* de saint Isidore de Séville, j'estime, avec ce docte liturgiste, qu'en l'occurrence le mot *immolatio* est, par suite d'une interprétation erronée, une altération évidente du mot *illatio* emprunté
à la liturgie wisigothique (4). Ce dernier terme, on le sait, est lui-

---

(1) S. Augustin (serm. II, 1, coll. de Michel Denys, VI, 3) : « *Respondetis :
Habemus ad Dominum. Laborate ut verum respondeatis. Quia apud acta Dei respondetis.* »

(2) Gennadius, *De Script. ecclesiasticis*, LXXIX, P. L., t. LVIII, 1103 : « *Composuit sacramentorum egregium... sed supplicandi Deo et Contestandi beneficiorum eius sodalitate sui consentaneum.* »

(3) Greg. Tur., *Virt. S. Martini*, II, 14 : « *At ubi expedita contestatione, omnis
populus Sanctus in laudem Domini proclamavit.* »

(4) Cf. Dom Paul Cagin, « Les noms latins de la Préface eucharistique. »
Extrait de la *Rassegna gregoriana* (n. 8-10, août-oct. 1906), p. 6.

même une simple traduction du grec 'Ανάφορα = *Anaphore*, mot qui caractérise, comme celui de *Missa* (envoi) (1), le mode d'émission de la prière sublime de l'action de grâces pontificale, lancée de la terre vers le ciel au cours de l'oblation du saint sacrifice.

Suivant saint Germain, la prière eucharistique débute par l'admonition pontificale : *Sursum corda*, qui motive la *Contestatio* et l'acquiescement de l'assistance. Saint Césaire d'Arles mentionne en particulier le *Sursum corda* dans une franche admonestation aux fidèles peu zélés qui se retiraient en grand nombre de l'église après les lectures sans attendre la fin de la messe : « A qui donc le prêtre dira-t-il *Sursum corda*? et comment pourront-ils répondre qu'ils ont élevé leur cœur, ceux qui s'absentent tout ensemble et de corps et de cœur en allant dehors sur la place publique? » (2)

La seconde attestation du peuple : *Dignum et iustum est*, est alors confirmée par le célébrant dans la prière laudative qu'il adresse seul au nom de tous à Dieu le Père tout-puissant en reconnaissance de ses hauts bienfaits :

CONTESTATIO

Vere dignum et iustum est, aequum et salutare est, nos tibi gratias agere, Domine sancte, Pater omnipotens, aeterne Deus; quia hodie dominus noster Iesus Christus dignatus est visitare mundum, processit de sacrario corporis virginalis et descendit pietate de caelis. Cecinerunt angeli « Gloria in excelsis » cum humanitas claruit Salvatoris. Omnis denique turba exultabat angelorum, quia terra regem suscepit aeternum. Maria beata facta est templum pretiosum portans dominum dominorum. Genuit enim pro nostris delictis vitam praeclaram ut mors pelleretur amara. Illa enim viscera quae humanam non noverant maculam Deum portare meruerunt. Natus est in mundo qui semper vixit et vivit in caelo, Iesus Christus Filius tuus Dominus noster, per quem maiestatem tuam laudant Angeli, etc.

A cet instant, le chœur entonnait le *Sanctus* dont saint Césaire d'Arles cite la formule intégrale : *Sanctus, Sanctus, Sanctus; benedictus qui venit in nomini Domini* (3).

Le célébrant, reprenant son colloque avec Dieu, atteste maintenant

---

(1) Sur le véritable sens de *Missa*, Cf. J.-B. THIBAUT, *La liturgie romaine*, p. 50-51, 88-89, 122-123.

(2) Serm. CCLXXXI, 2 : « *Cum enim maxima pars populi, imo, quod peius est, fere omnes, recitatis lectionibus exeunt de ecclesia, cui dicturus est sacerdos, Sursum corda? Aut quomodo sursum se habere corda respondere possunt, qui deorsum in plateis et corpore simul et corde discedunt.* »

(3) Serm. CCLXXXI, 2. (Append. Aug.).

la sainteté de la seconde Personne de la Trinité dans une collecte dite *Collectio post sanctus,* qui n'est en réalité que la continuation du récit de la *praedicatio canonis* condensé dans la commémoraison du mystère du jour. A l'exemple des liturgies orientales, elle commence régulièrement par les mots *Vere sanctus,* appliqués à Notre-Seigneur Jésus-Christ, et elle se termine par une phrase amenant, par une habile transition, le récit de l'institution de l'Eucharistie qui débute invariablement par la formule romaine : *Qui pridie quam pateretur.* Par une exception fort rare, motivée par le sujet historique de la solennité proclamé dans la première partie de la *Contestatio,* les mots *Vere sanctus* ne figurent pas dans le *Missale gothicum* à cet endroit dans la messe de Noël. Ils ont été remplacés avec à-propos par la phrase initiale du cantique des Anges entonné au champ des pasteurs à Bethléem : *Gloria in excelsis Deo.*

COLLECTIO POST SANCTUS

Gloria in excelsis Deo et in terra pax hominibus bonae voluntatis! Quia adpropinquavit redemptio nostra, venit antiqua expectatio gentium, adest promissa resurrectio mortuorum, iamque praefulget aeterna expectatio beatorum; per Christum dominum nostrum. Qui pridie quam pro nostra omnium salute pateretur...

En application de l'antique loi de l'arcane, les paroles mystérieuses de l'institution eucharistique sont toujours omises dans les anciens livres gallicans. Fort heureusement pour nous, saint Germain en fait mention accidentellement, à propos de l'Offertoire. Rapportons donc ici son précieux témoignage.

II° LA CONSÉCRATION

GERMAIN : Sanguis vero Christi offertur in calice, quia in tale vasum consecratum fuit mysterium Eucharistiae pridie quam pateretur Dominus, ipso dicente : Hic est calix sanguinis mei, mysterium fidei, qui pro multis effundetur in remissionem peccatorum.

Panis autem in corpore et vinum transformatur in sanguine, dicente Domino de corpore suo : Caro enim mea vere est cibus et sanguis meus vere est potus.

De pane dixit : Hoc est corpus meum. Et de vino : Hic sanguis meus.

Dans ces lignes nous avons les principaux éléments de la prière consécratoire. Notons avec Mgr Batiffol (1) le *Pridie quam pateretur.*

---

(1) Mgr BATIFFOL, *op. cit.,* p. 269.

Notons le *Hic est calix sanguinis mei, mysterium fidei, qui pro multis effundetur in remissionem peccatorum*, qui est sûrement la formule pour le calice de la messe. Très intéressante également l'insertion du *Mysterium fidei*, qui est un trait de la liturgie gallicane. Il convient cependant de le rapprocher de la formule consécratoire de la liturgie antiochienne insérée dans le livre VIIIe des *Constitutions apostoliques* : « Ce mystère du nouveau Testament ; prenez-en, mangez, Ceci est mon corps, etc. » (1) A signaler également cette autre formule de la liturgie copte : *Instituit nobis mysterium hoc magnum pietatis et religionis, cum statuisset tradere se morti pro mundi vita. Accepit panem, etc.* » (2)

Grégoire de Tours nous apprend qu'au moment de la Consécration, le prêtre, suivant la coutume catholique, traçait le signe de la bénédiction sur les oblats, sûrement en prononçant les mots traditionnels : *gratias agens, benedixit* (3). Rapportons, à ce sujet, un trait qui se lit dans la seconde lettre de l'*Expositio*, et qui appartient à la messe baptismale de la Vigile de Pâques :

Angelus enim Dei ad secreta super altare tanquam super monumentum descendit et ipsam hostiam benedixit instar illius angeli qui Christi resurrectionem evangelisavit.

L'expression *ad secreta*, observe encore Mgr Batiffol, désigne la Consécration qui est prononcée à voix basse. Cette action éminemment sacrificielle est suivie d'une oraison introduite par une des rubriques suivantes : *Post secreta, Post pridie, Post mysterium.* Rubriques très significatives, la dernière surtout, qui témoignent bien que les paroles de l'institution du sacrement étaient tenues pour essentielles et seules consécratoires. C'est ce que nous suggère le passage de saint Germain dans lequel il est spécifié que « Notre-Seigneur, la veille de sa Passion, consacra dans le calice le mystère de l'Eucharistie en disant lui-même : *Ceci est le calice de mon sang* ». Sur ce point de doctrine nous possédons, du reste, un texte capital de Fauste, qui fut d'abord moine et abbé de Lérins, puis évêque de Riez, en Provence (entre 452 et 487). Dans son sermon *Magnitudo*, l'auteur s'inspirant du *De mysteriis* de saint Ambroise et du *De sacramentis*, parle en ces termes de la transformation de la substance du pain et du vin en la substance du Christ

---

(1) *Const. apost.*, VIII, 12,.

(2) Cf. Lebrun, *op. cit.*, t. II, p. 424.

(3) Greg. Tur. *De vit. Pat.*, XVI : *« Cum ventum est ut sanctum munus iuxta morem catholicum, signo crucis superposito benediceretur... »*

par la vertu de ses propres paroles à la Cène : « Lorsque les éléments qui doivent être bénits ont été déposés sur les saints autels, avant qu'ils soient consacrés par l'invocation du saint nom, la substance là est celle du pain ; mais après les paroles du Christ, c'est le corps et le sang du Christ. » (1) Par « invocation du saint nom », il faut entendre l'épiclèse proprement dite ou invocation à Dieu le Père tout-puissant, émise dans la première partie du canon eucharistique et, plus spécialement, l'énoncé fondamental de cette même invocation inséré dans le prologue historique des paroles de l'institution par lesquelles s'opère la conversion sacramentelle : « ... *et elevatis oculis in coelum ad te Deum Patrem suum omnipotentem, tibi gratias agens, etc.* ». Il n'y a, en principe, de véritable épiclèse que celle qui s'adresse au Père, par le Fls, dans le Saint-Esprit.

POST SECRETA

Credimus, Domine, adventum tuum ; recolimus passionem tuam. Corpus tuum in peccatorum nostrorum remissionem confractum est, sanguis sanctus tuus in pretium nostrae redemptionis effusus est : qui cum Patre et Spiritu sancto vivis et regnas in saecula saeculorum.

L'oraison *Post secreta*, dans le rite gallican, est une formule d'oblation qui tient lieu tout ensemble, ou tour à tour, des prières complémentaires de l'Anamnèse et de l'Épiclèse dite du Saint-Esprit, qui terminent la grande doxologie du canon eucharistique.

12° LA FRACTION DE L'HOSTIE ET LA RÉUNION DES SAINTES ESPÈCES DANS LE CALICE

GERMAIN : Confractio vero et commixtio corporis Domini tantis mysteriis declarata antiquitus sanctis patribus fuit, ut dum sacerdos oblationem confrangeret videbatur quasi angelus Dei membra fulgentis pueri cultro concaedere et sanguinem eius in calicem excipiendo

---

(1) P. L. XXX, p. 272 : *Quando benedicendae verbis caelestibus creaturae sacris altaribus imponuntur, antequam invocatione sancti nominis consecrentur, substantia illic est panis et vini : post verba autem Christi corpus et sanguis Christi.* On trouve ce sermon sous le nom d'Eusèbe d'Emèse (*Biblioth. max. patr.* VI, 636), sous le nom de saint Jérôme dans P. L. XXX, 271-276, et sous le nom de saint Césaire d'Arles, dans P. L. LXVII, 1052-1056. Suivant Dom Morin et Mᵉ Batiffol (*Eucharistie*, 5 éd., p. 478, en note), Engelbrecht a montré qu'il y a des raisons philologiques intrinsèques d'attribuer le sermon *Magnitudo* à Fauste de Riez. *Studien über die Schriften des Faustus* (Wien, 1889), p. 68.

colligere, ut veratius crederent verbum dicente Domino carnem eius
esse cibum et sanguinem esse potum.

In hac confractione sacerdos vult augere; ibidem debet addere, quia
tunc caelestia terrenis miscentur et ad orationem sacerdotis caeli
aperiuntur. Sacerdote autem frangente, supplex clerus psallit anti-
phonam, quia (Christo) patiente dolore mortis, omnia trementis tes-
tata sunt elementa.

La cérémonie compliquée de la fraction de l'Hostie et de la réunion d'une particule consacrée avec le précieux sang dans le calice
a dans la liturgie gallicane, comme dans certaines liturgies orientales, un relief considérable.

L'acte de la confraction, signalé par Grégoire de Tours (1),
occupe dans la liturgie gallicane comme dans celle du Pseudo-Denys
l'Aréopagite, sa place normale, tandis qu'il a été reporté après le
Pater dans la messe romaine, à l'imitation des liturgies byzantines.
Il est très probable que cet acte devait être précédé d'une élévation
de l'Hostie, exprimant, sous une forme sensible, l'oblation rituelle
que le prêtre vient d'accomplir *in persona Christi*, en prononçant
les paroles mêmes de l'institution, oblation qu'il renouvelle d'une
manière plus expresse, au nom de l'Église, dans la prière *Post
secreta*, que nous désignons aujourd'hui par néologisme sous le
titre d'Anamnèse. Il en était ainsi du moins dans la liturgie gallo-
romaine, comme on le voit d'ailleurs dans la vie d'Euverte, évêque
d'Orléans au IVe siècle, écrite par le sous-diacre Lucifer : « Or,
rapporte cet historiographe, voici qu'au moment de la fraction
du pain céleste alors que, suivant la coutume sacerdotale, il (Euverte)
offrait, en élevant les mains, l'Hostie qui devait être bénite par
la Trinité, il apparut comme une nuée splendide au-dessus de sa
tête, et une main avec les doigts étendus sortant de la nuée bénit les
oblats. » (2)

Le rite de la confraction traduit bien en principe le *fregit* des
paroles de l'institution, mais pour saint Germain, qui est ici en conformité de sentiment avec saint Eutychius de Constantinople son
contemporain, ce geste symbolise plutôt le moment suprême de la
mort de Notre-Seigneur entourée des circonstances marquées par
l'évangéliste (3) : *Et voici que le voile du Temple se déchira en deux
depuis le haut jusqu'en bas, la terre trembla, les rochers se fendirent.*

______

(1) Greg. Tur., *De glor. Mart.*, I, 87.
(2) *Acta sant.*, sept., t. III, p. 45. Texte cité par Dom Cabrol, *Dict. d'Arch.
et de Liturgie*, t. IV, p. 2666.
(3) S. Eutych., *De paschate et SS. Euch. P. G.*, t. LXXXVI, 2396 A.

(*Matth.* xxvii, 51.) Suivant le Pseudo-Aréopagite, le pontife, à ce moment de l'action liturgique, « produit à la vue de tous les dons sacrés jusque-là recouverts du voile et fractionne leur unité » (1). C'est alors également que, dans les églises orientales, on écartait. à l'origine, le voile du sanctuaire (2).

Le rite de la réunion des saintes Espèces est en réalité un geste symbolique qui manifeste l'idée fondamentale prudemment exprimée en un style métaphorique dans l'Épiclèse primitive : j'entends, la proclamation du « grand mystère » de l'unité du corps mystique du Christ qui est l'Église (3). Nous trouvons une explication complète de cette action liturgique dans la formule de la fraction propre à la messe des Syriens jacobites : « Nous croyons, nous offrons, nous bénissons et fractionnons cette Eucharistie, pain céleste, corps du Verbe du Dieu vivant, dans le calice du salut et de l'action de grâces ; nous la bénissons du signe de la croix (cette Eucharistie) avec la particule propitiatoire pleine de mystères surnaturels, au nom du Père vivant, pour (en obtenir) la vie, et du Fils unique et de l'Esprit-Saint, principes de perfection et sceau de toutes les choses qui sont dans le ciel, et sur la terre, principes d'une seule vertu, d'une seule puissance, d'une seule volonté, d'un seul Dieu véritable, très-haut, indivisible, auteur de la vie dans les siècles des siècles. » (4)

Comme l'a établi Mgr Batiffol au terme de sa remarquable étude sur l'*Expositio* (5), le petit développement dans lequel saint Germain déclare que la confraction a été expliquée anciennement aux saints Pères par des miracles, a pour source les *Verba seniorum* (*Apophtegmata Patrum*) (6). L'original grec de ces *Apophtegmata Patrum*, qui a été connu et décrit par Photius (Cod. 198) n'a pas été publié encore. La version latine de cet ouvrage porte, dans les manuscrits, le nom du traducteur, un diacre romain Pélage, que l'on identifie avec le Pape Pélage (555-560), ce qui explique bien que le latin des. *Apophtegmata* ait pu être connu de saint Germain de Paris (576).

---

(1) S. Dionys. Aréop., *De Hier. Eccl.*, III. cont. 13.
(2) S. Cyrilli, Alex. arch., *in Ioan. Evangelium*, XII, xix, 30. Cf. J.-B. Thibaut, « l'Elévation symbole de l'Unité », dans la revue *l'Eucharistie*, nov.-déc. 1924. p. 550-551.
(3) Nous développons comme il convient cette thèse dans une étude historique et liturgique sur l'Epiclèse qui est présentement l'objet d'une instance de publication.
(4) « *Credimus, obtulimus, obsignamus et frangimus eucharistiam hanc, panem coelestem, corpus Verbi Dei vivi, in calice salutis et gratiarum actionis, in crucis modum signamus, cum particula propitiatoria, mysteriis supernis plena, in nomine Patris vivi, ad vitam : et unigeniti Filii et Spiritus sancti, principii perfectionis. et sigilli omnium quae sunt*, etc. ». Cf. Lebrun, *op. bit.*, t. II, p. 515.
(5) Mgr Batiffol, *op. cit.* p. 288-290.
(6) *P. L.*, t. LXXIII, p. 978-979.

Tout l'intérêt du récit que l'*Expositio* emprunte aux *Apophtegmata Patrum* vient précisément de ce qu'il a trait indirectement à la formule de l'Épiclèse du Saint-Esprit, formule qui s'entendait à l'origine et jusqu'au début du v° siècle, dans un sens symbolique et tout spirituel. A cette dernière époque, ce sens mystique, qui allait s'oblitérant, donna lieu à une erreur eucharistique consistant à prendre le corps eucharistique du Christ pour une figure et un pur symbole (1). L'existence de cette erreur symboliste contre laquelle on réagit aussitôt en modifiant la formule de l'Épiclèse pour en accuser le sens littéral, en vue d'affirmer le mystère de la transsubstantiation, est confirmée, entre autres preuves, par Théodore de Mopsueste (2) et Macarius de Magnésie (en Carie ou en Lydie) (3), par maints auteurs chaldéens et nestoriens (4) et aussi par ledit récit des *Apophtegmata Patrum*. Le saint abbé Arsène, contemporain de saint Cyrille d'Alexandrie et de Cassien (5), y raconte qu'un vieil anachorète de Scété s'était avancé jusqu'à dire : « Le pain eucharistique n'est pas en vérité le corps du Christ, il n'en est que le symbole. » Ce moine fut bientôt ramené de son erreur par un miracle qui lui fit voir, au moment de la confraction, qui s'accomplissait alors à l'Épiclèse, comme un enfant gisant sur l'autel, et un ange descendu du ciel, qui coupait les membres de l'enfant dont il recueillait le sang dans le calice.

C'est assurément sous l'influence de ce même récit que l'on augmenta encore, au vi° siècle, les complications rituelles qui accompagnaient la confraction dans la liturgie gallicane. On arrangeait, en effet, sur la patène, les parcelles de l'Hostie de manière à dessiner une forme humaine. Le Pape Pélage Ier protesta hautement contre cet abus qu'il qualifiait d'idolâtrique, dans une lettre

---

(1) Cf. Mgr Batiffol, *Eucharistie*, p. 390-391.
(2) Théod. Mops., *In Mat.*, XXVI, 26. (P. G. LXVI, 713.)
(3) Macar. Magn., *Apokriticos* III, 23 (*édit. Blondel*, p. 103-106).
(4) Lebrun, *Explicat. de la messe* (édit. 1860), t. II, p. 536-537, cite ce passage de saint Maruthas, d'après Assemani, *Bibl. orient.* t. Ier, p. 179 : « *Nam etiam Christus (corpus et sanguinem) figuram, et speciem haud ipsum appellavit, sed dixit : « Hoc vere est corpus meum, et hic est sanguis meus.* » Ce texte important a été, comme de juste, colligé par Pusey, *The doctrine of the real presence*, etc. (*Oxford*, 1855), p. 497. La même asseration reparaît chez Narsai, cf. Connolly, *The liturgical homelies of Narsai.* Cambridge, 1909 (*Texts and Studies*, VIII, 1), p. 17. Autant chez un autre nestorien, Mar Quiore (vi° siècle), dans *Bulletin de litt. ecclésiastique* (1907), p. 78-79.
(5) Cassien, traitant de la communion dans sa XXII° conférence, prend bien soin d'établir contre certains hérétiques (chap. xi) que Notre-Seigneur a pris, en vérité et en toute intégrité, la substance de notre chair, hormis le péché, bien qu'il ait revêtu la *similitude* de la chair de péché.

écrite, vers 558, à l'évêque d'Arles, Sapaudus (1). Le Concile de Tours de 567 interdit une telle pratique et ordonna de disposer les parcelles sacrées en forme de croix (2), usage qui a été adopté par la suite avec quelques·modications, dans les rites wisigothique et irlandais (3).

Pendant que s'opérait le rite symbolique de la confraction, le chœur exécutait sur un « ton suppliant » un chant antiphonique qui n'est pas autrement désigné, sans doute portait-il le nom très convenable de *Confractorium*, appliqué à un chant analogue dans la liturgie ambrosienne.

13° L'ORAISON DOMINICALE

GERMAIN : Oratio vero dominica pro hoc ibidem ponitur, ut omnis oratio nostra in Dominica oratione claudatur.

La cérémonie de la confraction et de la réunion des saintes Espèces dans le calice étant terminée, on récitait l'Oraison dominicale, véritable prière de l'Unité chrétienne, « prière filiale de tous les participants de l'aspersion du sang précieux et innocent du Christ; de tous ceux qui ont obtenu cette assurance (παῤῥησία) d'appeler Père le Dieu tout-puissant, comme héritiers et participants de son Fils bien-aimé » (4).

Dans le rite gallican, la récitation du *Pater* mettait le sceau à la prière eucharistique, à la messe proprement dite. Comme dans toutes les liturgies chrétiennes qui comportent cette oraison « traditionnelle » empruntée ici à la liturgie baptismale, le *Pater* était encadré d'un prologue et d'un épilogue dont les termes variaient à chaque messe. Voici ces deux formules, d'après le *Missale gothicum* pour la messe de Noël :

Non nostro praesumentes, Pater sancte, merito, sed domini nostri Iesu Christi Filii tui obedientes imperio, audemus dicere :

Pater noster, etc.

Libera nos, omnipotens Deus, ab omni malo, ab omni periculo, et

---

(1) JAFFÉ, 978 : « *Quis etiam illius non excessus, sed sceleris dicam, redditurus est rationem, quod apud vos idolum ex similagine, ve iniquitatibus nostris! patienter fieri audivimus, et ex ipso idolo fideli populo, quasi unicuique pro merito, aures, oculos, manus ac diversa singulis membra distribui?* »

(2) *Conc. Tur.*, II, can. 3 : « *Ut corpus Domini in altari non in imaginario ordine, sed sub crucis titulo componatur.* »

(3) M** DUCHESNE, *op. cit.*, p. 219-220.

(4) *Incipit* de la *Didascalie des apôtres*. Cf. F. X. FUNK, *Didascaliae et Const. apostolorum* (Paderborn 1906), t. II, p. 3-5. Cf. etiam J.-B. THIBAUT, *la Liturgie romaine*, p. 61.

*custodi nos in omni opere bono, perfecta veritas et vera libertas,
Deus, qui regnas in saecula saeculorum.*

Afin de mieux faire paraltre aux yeux des fidèles la force et la
nécessité de cette charité fraternelle qui est le lien de la perfection
chrétienne, le *Pater*, dans la liturgie gallicane, était récité non seulement par l'officiant, mais par tout le peuple, suivant la règle des
liturgies orientales. Cet usage est tout d'abord signalé en Gaule
par Cassien, dans sa neuvième conférence sur la prière, adressée vers
426 à Léonce, évêque de Fréjus, et au moine Hellade. L'auteur
y met en scène l'abbé Isaac au désert de Scété. Ce bienheureux solitaire, après avoir commenté cette formule de l'oraison dominicale :
Remettez-nous nos dettes comme nous remettons à ceux qui nous doivent, ajoute par manière de conclusion : « Voulons-nous être jugés
avec clémence, soyons nous-mêmes cléments envers ceux qui ont
eu des torts à notre égard. Il nous sera pardonné, dans la mesure
où nous pardonnerons à ceux qui nous ont fait du mal quelle qu'ait
été leur méchanceté. Plusieurs tremblent à cette pensée, et lorsque,
à la synaxe, le peuple, d'une commune voix, récite le *Pater*, ils
laissent passer ces mots *(dimitte nobis,* etc.) sans les prononcer
eux-mêmes, par crainte de se condamner de leur propre bouche, au
lieu de se justifier. » (1) Quand on récite l'Oraison dominicale, dit
encore saint Césaire d'Arles à l'adresse des fidèles qui se retiraient
de l'église avant la fin de la messe, « quel est celui d'entre vous qui
pourra déclarer avec humilité et en toute vérité : *Pardonnez-nous
nos offenses, comme nous pardonnons à ceux qui nous ont offensés?*
Quant à ceux qui restent dans l'église, s'ils ne remettent pas leurs
offenses à ceux qui les ont offensés, c'est à leur dam bien plus qu'à
leur avantage qu'ils prononcent de bouche ce qu'ils ne justifient pas
dans leurs actes; aussi bien n'ont-ils aucune raison de dire : *délivreznous du mal,* alors qu'ils ne cessent de rendre le mal pour le bien » (2).

14° LA BÉNÉDICTION DU PEUPLE.

**GERMAIN : Benedictionem vero populi sacerdotibus fundere Dominus
per Moysen mandavit... Pro hoc ergo ante communionem benedictio
traditur, ut in vas benedictum benedictionis mysterium ingrediatur.**

----

(1) CASSIANI, *Collationes Summorum Patrum,* coll. IX, 22.
(2) Serm. CCLXXXI, 2 : « *Aut quando oratio Dominica dicitur, quis est qui
humiliter et veraciter clamet, Dimitte nobis debita nostra, sicut et nos dimittimus
debitoribus nostris? Cum enim etiam illi qui in ecclesia se continent, si non dimiserint debita debitoribus, ad iudicium magis quam ad remedium orationem Dominicam proferunt ex ore, quam implere non probantur in opere...* » Cf. etiam
GREG. TUR., *Virt. S. Mart.,* II, 30.

Propter servandum honorem pontificis sacri constituerunt canones ut longiorem benedictionem episcopus proferret, breviorem presbyter funderet, dicens : « Pax, fides et charitas et communicatio corporis et sanguinis Domini sit semper vobiscum. »

Après avoir récité la prière de l'Unité chrétienne et demandé d'être participants d'un même pain matériel et surnaturel, les fidèles étaient invités, par le ministère du diacre, à s'incliner profondément pour recevoir la bénédiction de l'évêque, afin d'être à même de participer dignement au mystère de bénédiction qu'est l'Eucharistie.

Cette bénédiction solennelle prononcée par l'évêque est une sorte d'absolution générale amenée par ces mots de l'Oraison dominicale : *Pardonnez-nous nos offenses* et *délivrez-nous du mal*. C'est, du reste, ce que suggère saint Césaire d'Arles dans ce passage : « Et chaque fois que le diacre aura élevé la voix, soit pour vous faire fléchir les genoux pendant la prière (catholique), soit pour que vous incliniez vos fronts à la bénédiction, vous devez accomplir ces rites fidèlement et avec soumission, afin qu'en y joignant la prière, vos cœurs soient délivrés de tout mal, et qu'en recevant la bénédiction, vous méritiez d'être comblés des biens spirituels. » (1)

Ce rite vénérable, accompli à un tel moment, n'est pas en réalité un trait original gallican, comme on se plaît d'ordinaire à le dire. Nous le voyons déjà signalé en Afrique par saint Optat de Milève, dans son *De schismate Donatistarum*, écrit en 370 (2). Saint Augustin, dans sa lettre CXLIX (écrite en 414) en réponse à certaines difficultés qui lui avaient été proposées par saint Paulin de Nole, voit dans la pratique de ce rite préparatoire à la communion, une application très ancienne, répandue, ou peu s'en faut, dans toute l'Église, de ce texte de saint Paul, dans sa première Épître à Timothée (II, 1-2) : *J'exhorte donc à faire avant toutes choses des demandes, des prières, des intercessions, des actions de grâces pour tous les hommes*, etc. Précepte qui a été considéré par les Pères sinon comme la règle fondamentale, du moins comme la règle formelle de l'ordre liturgique. De quelque manière qu'on interprète ce texte de l'Apôtre, pour moi, déclare saint Augustin, « je préfère entendre par ces paroles ce que toute ou presque toute l'Église met en pratique, de telle sorte que nous tenions

---

(1) Serm. CCLXXXVI, 7 :« *Et quotiescumque diaconus clamaverit ut aut in oratione genua flectere, aut benedictioni inclinare capita debeatis, obedienter hoc et fideliter cum vera humilitate faciatis; ut et orando pectora vestra ab omnibus malis liberari, et benedictionem accipiendo bonis spiritualibus mereantur impleri.* »

(2) OPTAT, *De schismat. Donatistarum*, II, 20 : « *Etenim inter vicina momenta, dum manus imponitis, et delicta donatis, mox ad altare conversi, dominicam orationem praetermittere non potestis.* »

pour désignées par demandes (*precationes*), les prières que nous faisons dans la célébration des saints mystères, avant de commencer de bénir ce qui est sur la table du Seigneur; par prières *(orationes)*, les oraisons que nous faisons lorsqu'on le bénit, le sanctifie et le fractionne pour le distribuer aux fidèles, ensemble de prières que toute l'Église presque termine par l'Oraison dominicale... Quant aux intercessions *(interpellationes)* ou, comme portent vos exemplaires, les demandes *(postulationes)*, elles se font quand on bénit le peuple; car alors les évêques, tels des avocats, présentent leurs fidèles, par l'imposition des mains, à la très miséricordieuse Puissance » (1).

Telle était, au surplus, aux yeux de saint Augustin, l'importance de cette cérémonie, qu'il fonde son principal argument contre l'hérésie de Pélage au sujet de la grâce, sur la teneur même des prières générales de l'avant-messe, et sur celle des formules de la bénédiction épiscopale avant la communion. Dans sa lettre CLXXIX (écrite en 415) à l'évêque Jean de Jérusalem, le Docteur de la grâce s'exprime ainsi : Pélage « par ces discussions perverses et impies, est non seulement contraire à nos prières... mais encore à nos bénédictions, lorsque nous disons sur l'assemblée des fidèles, en souhaitant et demandant pour eux au Seigneur : *qu'il fasse déborder leur charité entre eux, et en tous (I Thess.* III, 12); *qu'il leur donne selon les richesses de sa gloire, d'être fortifiés en vertu par son Esprit (Ephes.* III 16), *et qu'il les remplisse de toute joie et de toute paix dans la foi, afin qu'ils abondent en espérance et en force du Saint-Esprit » (Rom.* xv, 13) (2).

On remarquera, non sans intérêt, que les formules de bénédiction employées dans la liturgie africaine constituent, en réalité, le développement de la formule brève à l'usage des prêtres dans la liturgie gallicane : *Pax, fides et charitas et communicatio corporis et sanguis Domini sit semper vobiscum.*

Saint Augustin, dans un sermon contre les pélagiens qui nous est parvenu à l'état fragmentaire, nous apprend encore que les formules

---

(1) **Ep. CXLIX,** 12-16 : « ... *Interpellationes* » *autem, sive, ut vestri codices habent,* « *postulationes* » *fiunt cum populus benedicitur: tunc enim antistites, velut advocati, susceptos suos per manus impositionem misericordissimae offerunt potestati.* »

(2) **Ep. CLXXIX,** 4 : *His itaque disputationibus perversis et impiis, non solum contradicitur orationibus nostris... verum etiam benedictionibus nostris resistitur, quando super populum dicimus, optantes eis et poscentes a Domino;* « *ut eos abundare faciat in charitate invicem, et in omnes* » (*I Thess.* III, 12), « *et det eis secundum divitias gloriae sue virtute corroborari per Spiritum eius* » (Ephes. III, 16); « *et impleat eos omni gaudio, et pace in credendo, et abundent in spe, et potentia Spiritus sancti* » (*Rom.* xv, 13.)

optatives des bénédictions dans la liturgie africaine étaient variables suivant la fête, et que l'assemblée des fidèles y souscrivait en répondant *Amen* : « Nos bénédictions, mes Frères, bénédictions que nous prononçons sur vous, ils (les Pélagiens) les suppriment, les anéantissent et les annulent. Vous m'entendez, je crois, mes Frères, quand je dis : *Dirigeant nos pensées vers le Seigneur, bénissons son nom : qu'il nous accorde de persévérer dans ses commandements, de marcher dans la voie droite de sa doctrine, de lui plaire en toute œuvre bonne,* et autres demandes de ce genre. Précisément, disent-ils, tout cela est placé en notre pouvoir. Ainsi donc, c'est en vain que nous souhaitons ces choses pour vous. Prenons notre défense et la vôtre, afin que nous ne bénissions point sans sujet et que vous n'y souscriviez pas sans raison en disant *Amen*. Mes Frères, votre *Amen* est votre approbation, votre consentement, votre engagement. » (1)

Saint Césaire d'Arles atteste la monition que lançait le diacre avant la bénédiction en ces termes : « Je vous prie, mes Frères, qu'à chaque fois que l'on aura annoncé que vous devez vous incliner pour la bénédiction *(Humiliate vos benedictioni)*, vous n'ayez pas de peine à courber la tête, parce que ce n'est pas devant un homme, mais devant Dieu que vous vous humiliez. » (2)

La bénédiction solennelle donnée par l'évêque était dans les Gaules, comme en Afrique, composée de plusieurs phrases à chacune desquelles l'assistance répondait *Amen*. De plus, elle était également variable suivant les fêtes. Voici, d'après le *Missale gallicanum*, le texte de la bénédiction du peuple pour le jour de Noël :

BENEDICTIO

Deus, qui adventum tuae maiestatis per angelum Gabriehelem priusquam descenderes nuntiare iussisti,

Qui dignanter intra humana viscera ingressus, ex alvo virginis hodie es mundo clarificatus.

---

(1) S. *Aurelii Augustini sermonum quorumdam fragmenta*; P. L., t. XXXIX, col. 1721 (Fragment cité par Florus *ad II Cor.* XIII et *I Tim.* v) : « *Benedictiones, fratres mei, benedictiones nostras, quas super vos facimus, evacuant, exinaniunt, elidunt. Audilis me, credo, fratres mei, quando dico, Conversi ad Dominum benedicamus nomen eius, det nobis perseverare in mandatis suis, ambulare in via recta eruditionis suae, placere illi in omni opere bono, et caetera talia. Prorsus, inquiunt, hoc totum in potestate nostra est constitutum. Ergo nos inaniter talia vobis optamus. Defendamus et nos, et vos; ne et nos sine causa benedicamus, et vos sine causa Amen subscribatis. Fratres mei, Amen vestrum, subscriptio vestra est, consensio vestra est, adstipulatio vestra est.* »

(2) Serm. CCLXXXV, 2 : « *Et hoc admoneo simul et rogo, fratres, quoties clamatum fuerit, ut vos benedictioni humiliare debeatis, non vobis sit laboriosum capita inclinare; quia non vos homini, sed Deo humiliatis.* » Cf. *etiam* Serm. CCLXXXVI, 5, 7.

Tu, Domine, benedic hanc familiam tuam, quam hodierna solemnitas in adventu tuo fecit gaudere;

Da pacem populo tuo, quem pretiosa nativitate vivificas et passionis tolerantia a morte perpetua redemisti;

Tribue eis de thesauro tuo indeficientis divitias bonitatis (1) reple eos scientia, ut impollutis actibus et puro corde sequantur te ducem iustitiae, quem suum cognoscunt factorem;

Et sicut in diebus illis advenientem te in mundo perfidia Herodis expavit et periit rex impius a facie regis magni, ita nunc praesenti tempore celebrata solemnitas peccatorum nostrorum vincla dissolvat;

Ut cum iterum ad iudicandum veneris, nullus ex nobis ante tribunal tuum reus appareat; sed discussa de pectoribus nostris caligine tenebrarum, placeamus conspectui tuo et perveniamus ad illam terram quam sancti tui in requiem possidebunt aeternam.

En Gaule comme en Afrique, la cérémonie de la bénédiction du peuple semble bien avoir été réservée tout d'abord aux évêques. Le Concile d'Agde en 506, auquel assista saint Césaire d'Arles qui en fut l'âme, interdit aux simples prêtres de bénir le peuple dans l'église (2). Le premier Concile d'Orléans, en 511, ordonne que le peuple ne sorte pas de l'église avant la fin de la messe, qui se terminait, en réalité, au *Pater,* et que là où un évêque était présent, les fidèles aient à recevoir la bénédiction prononcée par lui sur l'assemblée (3).

15° LA COMMUNION ET LE CHANT DU TRICANON

GERMAIN : Iam vero quam dulcis sit animae et corpori sacra communio Christus verbis evangelicis ostendit dicens : « Si manseritis in me et verba mea in vobis manserint, quodcumque petieritis (ad) Patrem in nomine meo fiet vobis. »

Tricanon (ms. Trecanum) vero quod psallitur signum est catholicae fidei de Trinitatis credulitate procedens. Sicut enim illic prima (pars) in secunda, secunda in tertia, rursum tertia in secunda, secunda rotatur in prima, ita Pater in filio mysterium Trinitatis complectitur : Pater in Filio, Filius in Spiritu sancto, Spiritus sanctus in Filio, Filius rursum in Patre.

---

(1) Passage inspiré de *Ephes.* III, 16.

(2) *Conc. Agathens.,* can. 14 : « *Benedictionem super plebem in ecclesia fundere presbytero penitus non licet.* »

(3) *Conc. Aurel.* can. 26. « *Cum ad celebrandas missas in Dei nomine convenitur, populus non ante discedat, quam Missae solemnitas compleatur; et ubi Episcopus fuerit, Benedictionem accipiat Sacerdotis.* »

Au moment d'accéder à la communion, les fidèles, en Gaule, entraient dans le sanctuaire et venaient jusqu'à l'autel (1). Les hommes, au témoignage de saint Césaire d'Arles, recevaient le corps du Christ sur la main nue, les femmes sur la main couverte d'un voile appelé dominical, qu'elles consacraient à cet usage (2).

La pieuse exclamation de saint Germain : *Iam vero quam dulcis sit animae et corpori sacra communio*, est une allusion manifeste au verset 9 du psaume xxxiii : *Gustate et videte quoniam suavis est Dominus*, psaume qui est déjà indiqué dans saint Cyrille de Jérusalem (*Mystagog.* V) dans la liturgie des *Constitutions apostoliques* et dans celle de saint Jacques, comme étant le chant de la communion.

Saint Césaire d'Arles y fait incidemment allusion dans son homélie CVI : « Tu goûteras encore le pain, à savoir celui qui a dit : « *Je suis le pain vivant descendu du ciel* (*Joan.*, vi, 51) ; tu goûteras et verras combien le Seigneur est doux ! » (3) Au surplus, saint Aurélien, archevêque d'Arles en 546, signale pertinemment la coutume d'exécuter un chant pendant la communion, dans ce membre de phrase qui a tout l'aspect d'une rubrique : *psallendo omnes communicent*, membre de phrase que Lebrun dit avoir relevé directement dans le manuscrit du *Missale gothicum* qui porte le numéro 317 dans le fonds de la Reine au Vatican (4).

Le chant choral exécuté pendant la communion est désigné par saint Germain sous le nom de *Trecanum*, qu'il présente comme étant l'expression du dogme catholique de la Sainte Trinité. L'explication qu'il en donne est bien obscure, dit Mgr Batiffol, du fait que le substantif manque qui est le sujet de *rotatur*. Martène conjecture à tort que le *Trecanum* peut être le Symbole des apôtres. Mgr Duchesne le rapproche du chant *Ad accedentes* de la liturgie wisigothique (5). L'opinion la mieux fondée me paraît encore être celle de Lebrun, qui assimile le *Trecanum* au chant de commu-

---

(1) *Conc. Turon.*, II, 4 : « *Ad orandum et communicandum laicis et feminis, sicut mos est, pateant sancta sanctorum.* » Cf. GRÉG. TUR., *Hist. Franc.*, IX, 3 ; X, 8.

(2) Serm. CCLII : « *Omnes viri, quando ad altare accessuri sunt, lavant manus suas; et omnes mulieres nitida exhibent linteamina ubi corpus Christi accipiant.* » Synode d'Auxerre, vers 578, can. 36, 42 : « *Non licet mulieri nuda manu eucharistiam accipere. — Ut unaquaeque mulier quando communicat dominicalem suum habeat; quod si qua non habuerit, usque in alium diem dominicum non communicet.* »

(3) Serm. CVI, 10 : *Gustabis et panem, illum scillicet qui dixit : « Ego sum panis vivus qui de coelo descendi »; gustabis et videbis quam suavis est Dominus.*

(4) Cf. P. LEBRUN, *op. cit.*, t. II, p. 227. Cet auteur donne en référence : *Cod. Reg.*, p. II, p. 112.

(5) Cf. Dom FÉROTIN, *le Liber ordinum* (1904), p. 241.

nion *Gustate et videte*, de la liturgie wisigothique (6). En voici la formule originale :

Gustate et videte quam suavis est Dominus. Alleluia! Alleluia! Alleluia!

Benedicam Dominum in omni tempore, semper laus eius in ore meo. Alleluia! Alleluia! Alleluia!

Redimet Dominus animas servorum suorum, et non derelinquet omnes qui sperant in eum. Alleluia! Alleluia! Alleluia!

Gloria et honor Patri et Filio et Spiritui Sancto in saecula saeculorum. Amen. Alleluia! Alleluia! Alleluia!

Ce chant symbolique est ainsi composé de trois versets des plus marquants empruntés au psaume xxxiii, versets accompagnés chacun de trois *Alleluia*. La première phrase : *Gustate et videte,* est tirée du verset 9 renfermant le thème principal du psaume, et qui était, comme tel, mis en avant au début de l'exécution psalmodique, dans laquelle il jouait le rôle de répons ou de refrain. Viennent ensuite les versets *Benedicam Dominum* et *Redimet Dominus*, qui sont, l'un, le premier, et l'autre le dernier verset dudit psaume xxxiii. Le tout se termine par une doxologie dans laquelle sont nommément désignées les trois personnes divines, doxologie également accompagnée de trois *Alleluia*. Il reste maintenant à démontrer que ce chant de communion est bien le *Trecanum*, du fait qu'il correspond à la description qui en est donnée dans le texte de l'*Expositio*.

Et d'abord, le mot *Trecanum* accuse ici, une fois de plus, une mauvaise transcription du copiste. Ce mot, tiré du grec, est assurément mis pour *Tricanon* (τρίχανων), qui signifie : trois règles, trois principes, trois barres. Ce terme, en effet, détermine ici un chant en l'honneur des trois personnes de la Trinité, chant dont le texte est emprunté au psaume xxxiii. Le nombre ordinal de ce psaume transcrit en chiffres romains XXXIII, les seuls en usage chez les Latins au vi⁰ siècle, a été regardé lui-même, suivant le goût de l'époque, pour un symbole manifeste du dogme trinitaire. C'est à la transcription romaine de ce nombre ordinal que s'applique en premier lieu la description que le texte de l'*Expositio* donne du *Tricanon*. Dans ce texte, il faut apparemment sous-entendre le mot *pars* comme sujet naturel de *rotatur*. En conséquence, nous entendons ainsi ce passage énigmatique :

---

(1) P. LEBRUN, *op. cit.*, t. II, p. 282.

De même que là, le premier nombre, c'est-à-dire le chiffre X, reparaît dans le second (X), le second dans le troisième (X); de nouveau et en suivant une marche rétrograde (*rursum*) dans la numération des trois autres chiffres en forme de barres, savoir : $\overset{321}{III}$, le troisième chiffre (qui pour nous est normalement le premier) reparaît dans le second et le second dans le premier, comme le démontre la figure suivante : $\underset{123}{\overset{321}{XXXIII}}$. Ainsi est conçu le mystère de la Trinité : le Père est dans le Fils, le Fils dans le Saint-Esprit; de nouveau, l'Esprit-Saint reparaît dans le Fils, et le Fils dans le Père.

En second lieu, la curieuse description que le texte de l'*Expositio* donne du *Tricanon* s'applique de même au chant de communion de la liturgie wisigothique qui a, on le sait, de grands rapports avec la gallicane. A tout prendre, ce chant est, en effet, composé de trois versets psalmodiques en l'honneur des trois personnes de la Sainte Trinité, qui y reçoivent chacune en particulier le titre principal et coessentiel de *Dominus*, et sont louées de concert dans une triple acclamation alléluiatique. De nouveau, la doxologie finale ramène la glorification et la louange des trois personnes divines nommément désignées, doxologie couronnée elle aussi par l'adjonction de trois *Alleluia*.

16° L'ACTION DE GRACES

Après la distribution de la communion, l'évêque, à l'exemple de Notre-Seigneur Jésus-Christ, accomplit une dernière prière d'action de grâces. Cette prière débute comme précédemment la prière du voile au terme de l'Offertoire, par une monition appelée *Post communio*, par laquelle l'évêque lui-même invite les fidèles à prolonger tout le jour durant leur action de grâces en pratiquant les œuvres de la piété et de la justice chrétienne. Une collecte suivait, *Collectio sequitur*, dans laquelle le pontife implorait encore sur ses ouailles la protection divine contre les adversités de la vie.

POST COMMUNIONEM

Cibo coelesti saginati et poculo aeterni calicis recreati, Fratres karissimi, Domino Deo nostro laudes et gratias indesinenter agamus, petentes ut qui sacrosanctum corpus domini nostri Iesu Christi spiritaliter sumpsimus, exuti a carnalibus vitiis, spiritales effici mereamur, per dominum nostrum Iesum Christum Filium suum.

COLLECTIO SEQUITUR

Sit nobis, Domine, quaesumus, medicina mentis et corporis quod de sancti altaris tui benedictione (1) percepimus, ut nullis adversitatibus opprimamur qui tanti remedii participatione munimur. Per dominum nostrum Iesum Christum Filium tuum.

17° LE RENVOI DES FIDÈLES

Sur ce, comme nous l'apprend saint Avit, archevêque de Vienne, le peuple était congédié par une formule de renvoi qui était également usitée à la fin des assemblées de l'église, du palais et du prétoire (2). Les livres mérovingiens ne nous ont pas conservé cette formule de congé, mais il semble bien qu'elle devait être analogue, sinon identique, à celle employée dans la liturgie irlandaise d'après le missel de Stowe :

Missa acta est — In pace.

Formule qui obtient tout son développement dans la liturgie wisigothique :

Solemnia completa sunt in nomine domini nostri Iesu Christi. Votum nostrum sit acceptum cum pace. — ℞. Deo gratias!

Avant que de se retirer, les fidèles qui n'avaient pas communié recevaient de la main des ministres inférieurs une part de pain bénit appelée *Benedictio* ou *Eulogie*. Ce rite, ainsi pratiqué à la manière des Églises orientales, est mentionné à plusieurs reprises par Grégoire de Tours (3).

La description de la messe gallicane telle qu'elle se célébrait au temps de saint Césaire d'Arles, de saint Germain de Paris et de saint Grégoire de Tours est achevée. Le moment est venu d'établir la synthèse de toutes les données historiques que nous avons été à même de relever au cours de cette étude. Nous aurons ensuite à tirer de cette synthèse les conclusions qu'elle comporte afin de résoudre d'une manière définitive le difficile problème des origines de la liturgie gallicane.

----

(1) Le mot *benedictione* traduit ici le terme grec *eulogia* (εὐλογία) appliqué à l'Eucharistie, terme par lequel on désigne également le pain bénit distribué à la fin de la messe.

(2) S. AVIT, Ep. I; *P. L.*, t. LIX : « *In ecclesiis palatiisque sive praetoriis missa fieri prononcialur cum populus ab observatione dimittitur.* »

(3) GRÉG. TUR., *Hist. Franc.*, VI.

III

ORIGINE DE LA LITURGIE GALLICANE

C'est un fait établi, la messe gallicane accuse dans toute son ordonnance un caractère oriental qui la distingue nettement de la messe romaine. Au surplus, si nous nous livrons à une étude analytique semblable à celle qui précède, sur l'ensemble des autres liturgies latines, nous arrivons à des conclusions absolument contraires à celles des théoriciens modernes qui prétendent ramener en bloc à un même type, le gallican, les liturgies ambrosienne, gallicane, wisigothique et celtique.

La liturgie celtique est, selon toute apparence, la seule qui puisse se ramener directement au type gallican. La wisigothique procède à l'origine de la liturgie africaine, amalgamée à l'époque mérovingienne avec celles des Gaules par suite de certaines influences ' historiques. Quant à la liturgie ambrosienne, elle est d'autant plus opposée au type gallican qu'elle représente encore le plus fidèlement dans l'économie de son avant-messe l'ordonnance de la liturgie romaine du III\ siècle.

Le signe le plus caractéristique de la commune origine des liturgies ambrosienne, africaine et wisigothique, c'est assurément la disposition particulière du rôle tripartite des prières de l'Offertoire. Dans ces liturgies latines, au nombre desquelles il faut comprendre celle de Rome, cette disposition est conforme, en principe, à l'ordonnance rituelle indiquée par la *Didascalie des apôtres* et par le II\ livre des *Constitutions apostoliques* qui en dépend, tandis qu'elle diffère de l'ordonnance particulière adoptée par le rite gallican à l'imitation des liturgies orientales. Dans ces dernières, en effet, à commencerpar la liturgie clémentine insérée au VIII\ livre des *Constitutions apostoliques*, le rôle tripartite des prières de l'avant-messe précède les cérémonies de l'Offertoire. Il comprend d'abord deux prières litaniques suivies d'une collecte prononcée par l'évêque; la première de ces oraisons est « pour les catéchumènes », la seconde, « pour les pénitents », qui se retirent ensuite tour à tour sous la main bénissante du pontife. Vient alors la prière litanique « pour les fidèles », couronnée elle aussi par une invocation solennelle de l'évêque. Dans les liturgies latines ci-dessus mentionnées, hormis la gallicane et la celtique, les catéchumènes et les pénitents se retirent aussitôt après l'homélie, sur une simple injonction de l'évêque prédicant ou du diacre de service (1). On procède alors dans le secret aux cérémonies de l'Offertoire, après quoi on accomplit le rôle antique des supplications ou « oraisons solennelles », suivi de la prière générale ou « catholique ». Ces prières traditionnelles ont malheureusement disparu de la messe romaine, qui n'a plus conservé que la prière secrète de l'Offertoire, mais il n'est pas douteux qu'elles se récitaient jadis à cette même place (2). La meilleure preuve en est fournie par le Syllabus contre les semi-pélagiens annexé à la lettre *Apostolici verba* du Pape Célestin (422-432) aux évêques gallo-romains, Syllabus dans lequel il leur est recommandé « d'avoir égard aux rites sacrés des supplications sacerdotales (*obsecrationum quoque sacerdotalium sacramenta*), lesquelles ont été léguées au monde par les apôtres et sont célébrées unanimement dans toute l'Église catholique, afin que la règle de la prière édicte celle de la foi » (3).

L'auteur du Syllabus s'inspire ici du grand argument opposé par saint Augustin aux pélagiens, argument que l'illustre docteur développe *ex professo*, en faisant uniquement état des oraisons solennelles dans sa lettre CCXVII à Vitale, évêque de Carthage, auquel il démontre que ces oraisons liturgiques attestent par leur teneur même le dogme catholique de la nécessité de la grâce (4). Saint Prosper d'Aquitaine, désigné par certains comme l'auteur

---

(1) Cf. J.-B. Thibaut, *la Liturgie romaine*, p. 89.

(2) Le Pape Innocent I⁰ʳ (402-417) me semble bien faire allusion à ces prières « communes et réciproques », dans ce passage d'une de ses lettres : « *Ut bene nostis, communibus et alternis plus agimus orationibus quam singularibus aut privatis.* » *Ad Aurel. et Aug., epist.* XVI, P. L., t. XX, 513.

(3) S. Coelestini, ep. XXI : « *Obsecrationum quoque sacerdotalium sacramenta respiciamus, quae ab Apostolicis tradita in toto mundo atque in omni Ecclesia unanimiter celebrantur, ut legem credendi statuat lex supplicandi.* » Ce texte est également donné par Denzinger, n° 95, qui attribue l'établissement de ces capitula à saint Léon. La 10ᵉ édition Denzinger-Banwart, 1908, n° 139, rectifiant cette opinion, désigne comme auteur probable saint Prosper. Personnellement, j'adopte cette dernière attribution, et ce, pour les raisons très solides invoquées par le P. H. de Noris dans ses *Vindiciae augustinianae*, P. L., t. XLVII (*suppl. ad op. S. Aug.*), c. VIII, 318-831.

(4) Ep. CCXVII, 2 : « *Exsere contra orationes Ecclesiae disputationes tuas : et quando audis sacerdotem Dei ad altare exhortantem populum Dei orare pro incredulis, ut eos Deus convertat ad fidem, et pro catechumenis, ut eis desiderium regenerationis inspiret, et pro fidelibus, ut in eo quod esse coeperunt, eius munere perseverent; subsanna pias voces, et dic te non facere quod hortatur, id est, Deum pro infidelibus, ut eos fideles faciat, non rogare, eo quod non sint ista divinae miserationis beneficia, sed humanae officia voluntatis.* »

probable de ce Syllabus, invoque du reste le même argument contre Cassien : « Ce que l'Église demande chaque jour pour ses ennemis, c'est-à-dire pour ceux qui ne croient pas encore en Dieu, est-ce qu'elle ne le fait pas par l'Esprit de Dieu ? » (1) Au surplus, l'auteur du Syllabus, en recommandant aux évêques gallo-romains d'avoir égard à la récitation des supplications sacerdotales, qu'il énumère plus loin dans le même style et avec les mêmes expressions si ce n'est dans l'ordre identique où elles se présentent encore aujourd'hui dans la liturgie romaine le Vendredi-Saint, ne laisse pas de témoigner par là qu'il assimilait la liturgie gallo-romaine à celle de Rome. Cette constatation, qu'on veuille bien y prendre garde, est assurément de la plus haute importance pour la solution du problème des origines du rite gallican. Le dernier témoignage que nous ayons sur le maintien des Oraisons solennelles dans la messe romaine est celui du Pape Félix III (483-493). Dans un synode romain tenu en 487 ou 488, ce pontife décréta, en effet, que tous les chrétiens réfugiés de l'Afrique, qui se trouvaient y avoir adhéré à la pratique des hérétiques en recevant de leurs mains un second baptême, ne pourraient assister qu'à la première partie de la messe jusqu'à la « prière des fidèles (2) ».

La concordance remarquable des principales liturgies latines avec celle du IIe livre des *Constitutions apostoliques*, dans l'économie des « prières solennelles » reportées après l'Offertoire, est bien un des plus précieux indices de leur commune origine, disons plus, elle est, en vérité, une preuve concluante et décisive de l'origine romaine de la *Didascalie des apôtres* que j'ai identifiée naguère avec le célèbre traité « sur les charismes » de saint Hippolyte de Rome (3).

Ceci posé, il reste maintenant à rendre raison du caractère oriental de la liturgie gallicane en déterminant ses points d'attache avec l'une des trois liturgies types de Jérusalem, d'Éphèse ou d'Alexandrie.

Pour ce faire, il n'est nullement nécessaire d'invoquer *a priori* l'origine asiatique des premiers apôtres des Gaules : saint Pothin et saint Irénée de Lyon au IIe siècle, saint Trophime d'Arles, saint Saturnin de Toulouse au siècle suivant (4). L'Histoire ne s'établit point sur de simples conjectures, mais sur des documents authen-

---

(1) Prosperi Aquitani, *Liber contra Collatorem*, XII, 35 : « *Aut quod Ecclesia quotidie pro inimicis orat, id est, pro his qui necdum Deo crediderunt, numquid non ex Spiritu Dei facit?* » (P. L., t. XLV, 1817.)

(2) A. Thiel, *Epistolae Romanorum Pontificum genuinae* (Braunsberg, 1868), t. Ier, p. 263.

(3) Cf. J.-B. Thibaut, *la Liturgie romaine*, p. 66-67.

(4) Cf. Grégor. Tur., *Hist. Franc.*, I, 26-27; *De gloria martyrum*, c. XLVII-

tiques. La formation progressive de ce rite gallican ne remonte pas aussi haut, les faits repoussent cette supposition. Il résulte, en effet, de notre précédente description de la messe gallicane, qu'en majeure partie ses éléments rituels y ont été introduits au début du vr° siècle, à l'imitation des liturgies byzantines et, plus particulièrement dans cette seconde phase, à l'imitation de la liturgie primordiale de Jérusalem. Ces éléments d'emprunt étant éliminés, combien reste-t-il d'éléments distincts que l'on puisse faire remonter à l'époque gallo-romaine, et quels sont encore, parmi ces derniers, ceux qui constituent vraiment des particularités du rite gallican? Tout compte fait, la liturgie dite gallicane présente sept éléments des plus marquants, susceptibles d'être rapportés à l'époque gallo-romaine, à savoir :

1° L'usage de la psalmodie avec prières intercalaires.

2° La leçon prophétique au premier rang des lectures scripturaires.

3° Le rôle des prières pour le peuple avant l'Offertoire.

4° La lecture des diptyques aussitôt après la présentation des oblats sur l'autel.

5° Le baiser de paix avant le Canon.

6° La récitation du *Pater* au terme de la prière eucharistique.

7° La bénédiction solennelle avant la Communion.

Certes, on aurait bien tort de croire que tous ces rites constituent autant de traits propres à la liturgie gallicane. Examinons-les de nouveau à ce point de vue chacun en particulier.

1° Et d'abord, l'usage de la psalmodie avec prières intercalaires se trouve signalé dans la liturgie monastique dès l'époque gallo-romaine, par Cassien, au livre III, c. xi de ses *Institutions cénobitiques*. Ce trait vraiment exceptionnel est un des plus caractéristiques de la liturgie gallicane.

2° La leçon prophétique est déjà prescrite dans la liturgie du II° livre des *Constitutions apostoliques*. Cependant, à Rome, en Afrique et en Espagne (1), cette leçon fut supprimée de très bonne heure par manière de simplification, attendu que le chant du psaume davidique en tenait lieu par lui-même au premier chef. L'usage de la leçon prophétique dans la liturgie gallo-romaine est attesté par Sulpice Sévère dans sa *Vie de saint Martin* (2). Partant, le main-

____

(1) Le premier Concile de Tolède, l'an 400, infligeant une peine disciplinaire à un sous-diacre, le destitue de ses fonctions de lecteur (can. 5) : « *Ita ut evangelium aut epistolam non legat.* » Par la suite, la liturgie wisigothique reprit l'usage de la leçon prophétique à l'exemple de la liturgie gallicane.

(2) *Vita S. Martini*, c. vii : « *Lectione prophetica tunc notatum*, etc. »

tien exceptionnel de cet usage primordial de l'Église peut très bien être tenu pour un trait distinctif de la liturgie gallicane.

3° Le rôle tripartite des prières pour les catéchumènes, pour les pénitents et pour les fidèles, qui précède l'Offertoire, se réduit dans l'*Expositio* à la seule prière pour les fidèles, mais dans l'explication que donne saint Germain concernant la coutume antique de l'Église sur ce point, les mots : *postea deprecarent pro illis levitae, diceret sacerdos collectam post precem*, témoignent bien qu'auparavant, ce rite s'accomplissait de la manière prescrite par le 19e Canon du Concile de Laodicée, et suivant la forme solennelle dont le modèle nous a été conservé dans la liturgie du VIIIe livre des *Constitutions apostoliques.*

Cependant, le texte du Syllabus invoqué plus haut ne laisse pas d'indiquer que ce rôle de prières n'était point admis comme tel dans la liturgie commune gallo-romaine au milieu du ve siècle, bien que, dès cette époque, il ait pu être introduit dans la liturgie particulière des monastères provençaux sous l'influence de Cassien, ce que nous aurons lieu d'établir plus loin.

Les liturgies byzantines ont maintenu en bonne place avant l'Offertoire les prières pour les catéchumènes et les pénitents, mais par suite de l'introduction du rite de la « grande entrée », elles ont, au vie siècle, reporté après cette cérémonie la récitation de la prière commune ou catholique, disposition qui n'a pas été adoptée par les autres liturgies de l'Orient, ni par la liturgie gallicane. Il s'ensuit donc que dans cette dernière, la récitation des prières communes pour le peuple avant l'Offertoire est encore ici une particularité qui lui est propre.

4° La lecture des diptyques avant le Canon. Voilà bien le trait de la liturgie gallicane le plus saillant, encore qu'elle ait été imitée en cela par la liturgie wisigothique (1). Dans la messe romaine, au témoignage du pape Innocent, les diptyques des vivants et des défunts ont leur place marquée dans le corps du Canon, au début de la prière eucharistique. Dans l'ensemble des liturgies orientales, les diptyques des vivants et des morts sont également placés dans l'intérieur du Canon, mais, en général, reportés les uns et les autres après la Consécration (2). Cette pratique commune ne présente que

---

(1) Dans l'ancienne liturgie d'Espagne, comme en témoigne le 29° canon du Concile d'Elvire (vers l'an 300), la lecture des diptyques avait lieu au cours même du Canon, suivant l'usage de l'Eglise romaine : « *Energumenus qui ab erratico spiritu exagitatur, huius nomen neque ad altare cum oblatione, recitandum.* » (Can. 29.)

(2) On sait que dans la liturgie de saint Marc, dont relèvent les liturgies

deux exceptions. Dans la liturgie du Pseudo-Denys l'Aréopagite
et dans la liturgie des Chaldéens et Nestoriens qui en dérive, les
diptyques sont placés après l'Offertoire, avant l'ouverture du
Canon, disposition qui est précisément celle qui est adoptée par
la liturgie gallicane. Il y a là une coïncidence remarquable dont
il faut à tout prix rendre raison pour résoudre complètement le problème des origines de la liturgie gallicane.

Et d'abord, d'où provient la liturgie décrite par le soi-disant
Aréopagite dans son traité *De la Hiérarchie ecclésiastique?* En
quelle Église métropolitaine de l'Orient cette liturgie était-elle
en usage?

On convient généralement que les ouvrages faussement attribués
à saint Denys l'Aréopagite ont été écrits en Syrie plutôt qu'en Égypte,
parce qu'il y est fait mention du *Credo* introduit dans la liturgie
grecque vers 476, par le patriarche d'Antioche Pierre le Foulon.
Cette raison, à la vérité, n'est pas valable, attendu que j'ai depuis
longtemps démontré, qu'il ne saurait être question du *Credo* dans
le passage invoqué de la *Hiérarchie ecclésiastique* (1). Si l'on tient
à produire un argument liturgique pour circonscrire la période d'acti-
vité littéraire de notre auteur, il convient plutôt de signaler à cet
effet, qu'il décrit au chapitre iv du même livre, « le mystère de
la consécration du saint Chrème ». En effet, au témoignage de Théodore le Lecteur, la célébration publique de ce rite annuel le Jeudi-
Saint fut organisée par Pierre le Foulon (2).

Il est avéré, d'autre part, que le quatrième chapitre des *Noms
divins*, dans l'œuvre de Denys le Mystique, dépend sûrement d'un
traité du néo-platonicien Proklos, le *De malorum subsistentia*, écrit
en 440. Enfin, le fait que le Pseudo-Aréopagite a été produit au
Concile de Constantinople de 533, par les monophysites sévériens,
et le soin qu'il a pris lui-même, en parlant de Jésus-Christ, d'éviter
les termes *une* ou *deux* natures, tout en enseignant l'existence d'une
« nouvelle opération théandrique », font soupçonner que cet auteur
était partisan de l'*Hénotique* adressé par l'empereur Zénon aux
Églises d'Asie, et, en conséquence, qu'il a écrit entre 482 et 500 au

égyptiennes, les diptyques ont leur place marquée dans la première partie du
Canon.

(1) S. Dionysii Areop., *De Eccles. hierarch.*, c. iii; *P. G.*, t. III, 425, 436. C
J.-B. Thibaut, « le Pseudo-Denys l'Aréopagite et la prière catholique », dans les
Échos d'Orient, juill.-sept. 1921, p. 283-294.

(2) Theodori Lectoris, *Eccles. Hist.*, l. II; *P. G.*, t. LXXXVI, 207, 209
« Πέτρον Κναφέα ἐπινοῆσαι τὸ μυστήριον (τὸ μύρον) ἐν τῇ ἐκκλησίᾳ ἐπὶ παντὸς το
λαοῦ ἁγιάζεσται. »

plus tard, non pas en Syrie, mais à Éphèse. De fait, le Pseudo
Aréopagite, dans sa X⁰ lettre adressée à Jean, théologien, apôtre
évangéliste, en exil dans l'île de Pathmos, donne bien à entendr
qu'il séjourne lui-même à Éphèse où il attend le retour du discipl
bien-aimé : « ... et bientôt (je le dis, quoique avec audace), bientc
nous serons réunis à vous. Car je mérite pleinement confiance e
apprenant et déclarant ce que vous tenez de Dieu, savoir : que vou
serez délivré de la prison de Pathmos; que vous retournerez sur l
terre d'Asie, et que là vous accomplirez les exemples du Dieu bo
pour les laisser en tradition à la postérité (1). Quant aux *Élévation
sur l'Eucharistie* du Pseudo-Denys l'Aréopagite, il est manifest
qu'elles ne sont que le brillant commentaire d'une liturgie accusan
une ordonnance distincte de celle des *Constitutions apostolique*
qui représente le type Jérusalem-Antioche. Elle débute par l
chant de plusieurs psaumes davidiques; la prière commune et géné
rale suivie du baiser de paix et de la lecture des diptyques de
saints y figurent avant l'anaphore et nullement après l'Épiclèse con
clusive du Canon. Saint Maxime de Constantinople, dans ses sco
lies sur la *Hiérarchie ecclésiastique*, signale avec soin cette dernièr
particularité en constatant que telle est encore, de son temps, l
note caractéristique de la liturgie des Églises d'Asie : « Chez nous
dit-il, les diptyques ne se placent pas en premier lieu; suivant c
Père (le Pseudo-Aréopagite), on récite les diptyques après l
baiser de paix comme en Anatolie. » (2) Par Anatolie, il fau
entendre l'Asie Mineure proprement dite, l'antique province d'Asi
où Éphèse conserva longtemps une primauté d'honneur sur de
Églises comme celles de Smyrne, Sardes, Pergame et autres, e
raison de son origine apostolique.

Telle était au vi⁰ siècle, même en Occident, la notoriété de l'ordr
liturgique éphésien, que le Pape Jean III (560-573) le range à just
titre parmi les quatre ordres types en usage de tradition apostoliqu
dans les grandes Églises de la chrétienté. En envoyant le palliun
à Edaldus, archevêque de Vienne en Gaule, lequel lui avait soumi
plusieurs questions liturgiques dans une lettre qui est malheureu
sement perdue, le Pape Jean III lui écrit : « Quant aux cérémonies d
la messe au sujet desquelles vous m'avez consulté dans vos lettres
sache votre charité qu'elles s'accomplissent différemment dans le

---

(1) S. Dionysii Areop., Ep. X; *P. G.*, t. I, 1117-1120 : « ... μικρόν δὲ ὕστερος (ἐπι
γὰρ, εἰ καὶ τολμηρόν) ὑμῖν αὐτοῖς ἑνωθησομένους· κτλ. »

(2) S. Maximus, *Schol. in Dionys. Areop.*, H. E., III, 2 : « ἐπὶ δὲ τοῦ πατρο
τούτου μετὰ τὸν ἀσπασμὸν τὰ δίπτυχα ἐλέγετο ὥσπερ καὶ ἐν Ἀνατολῇ. » Cf. Brightman
Liturgies eastern and western, p. 485.

diverses Églises : autre est la pratique d'Alexandrie, autre celle de Jérusalem, autre celle d'Éphèse, autre celle de Rome, dont votre propre Église doit observer la coutume et les institutions. » (1) Les tenants de l'origine éphésienne de la liturgie gallicane ne manqueront pas, certes, de tirer momentanément avantage de ces précieuses données ; mais attendons la conclusion finale de cette étude pour en connaître la véritable portée.

4° Il convient également de signaler comme particularité de la liturgie gallicane le rite du baiser de paix en tant que placé avant le Canon ; ce rite, dans la messe romaine latine, dans celle de Milan et celle d'Afrique ayant été de bonne heure reporté avant la Communion.

5° La récitation du *Pater* au terme de la prière eucharistique n'est pas, à vrai dire, un trait gallican. Saint Augustin, nous l'avons vu, déclare pertinemment que la coutume de réciter le *Pater* après le Canon était presque générale dans l'Église : « *Petitionem fere omnis Ecclesia dominica oratione concludit.* » (Ep. CXLIX.) Le grand docteur connaissait donc des exceptions. De fait, on constate l'absence de l'Oraison dominicale dans la liturgie des *Constitutions apostoliques*, dans celle du Pseudo-Denys l'Aréopagite, dans celle de Sérapion, évêque de Thmuis. On n'en trouve pas trace à la messe chez aucun auteur alexandrin du iv° siècle, y compris saint Cyrille d'Alexandrie, ni chez saint Ambroise. Enfin, on n'en trouve pas trace non plus dans la liturgie romaine avant la fin du vi° siècle.

L'introduction du *Pater* à la suite du Canon dans la messe romaine est assurément le fait de saint Grégoire le Grand, qui s'en explique lui-même dans cet important passage de sa lettre à l'évêque Jean de Syracuse : « *Orationem vero dominicam idcirco mox post precem dicimus, quia mos apostolorum fuit ut ad ipsam solummodo orationem oblationis hostiam consecrarent, et valde mihi inconveniens visum est ut precem quam scholasticus composuerat super oblationem diceremus, et ipsam traditionem quam Redemptor noster composuit super eius corpus et sanguinem non diceremus.* » (2)

Ce texte très explicite a prêté à une interprétation vraiment singulière : en rattachant *oblationis* à *hostiam*, on en a conclu que les apôtres avaient coutume de consacrer « l'hostie de l'oblation »

---

(1) Cf. MANSI, *Conc.*, t. IX, 760 : « *De officiis missarum de quibus in litteris vestris requisistis, sciat caritas vestra quia varie apud diversas ecclesias fiant : aliter enim Alexandrina ecclesia aliter Hierosolimitana, aliter Ephesina, aliter Romana facit ; cuius morem et instituta debet servare ecclesia tua.* »

(2) S. GRÉGOR., ép. IX, 12 (JAFFÉ, 1550).

(le pain et le vin) en prononçant seulement l'Oraison dominicale
(ad ipsam solummodo orationem) (1). Le Dr Probst et Mgr Batiffol,
écartant un contresens aussi flagrant, rattachent, comme il convient,
oblationis à orationem, et font de orationem oblationis le syno-
nyme de « canon ». Saint Grégoire aurait ainsi voulu dire que la
coutume des apôtres jusqu'à lui était de consacrer le pain et le vin,
seulement en prononçant la prière du Canon (orationem oblationis) (2).

Quelque rationnelle que paraisse cette dernière interprétation,
elle n'est pourtant pas décisive. Remarquons tout d'abord que saint
Grégoire désigne bel et bien le Canon, pris dans son ensemble, par
le terme consacré de *prex*. D'où il suit que l'expression *ad ipsam
solummodo orationem oblationis* indique une prière spéciale dudit
Canon, prière à laquelle *(ad)*, et non par laquelle *(per)* s'achève la
consécration opérée au moment où le prêtre prononce *in persona
Christi*, les paroles mêmes de Notre-Seigneur à la dernière Cène.

Au reste, saint Grégoire entend bien désigner par *orationem oblationis* une prière précédant les paroles de l'institution, sans quoi
il faudrait encore conclure, d'après ses paroles, qu'il a entendu
avancer que tout le Canon est l'œuvre d'un homme docte, d'un
théologien *(scholasticus)*, ce qui est tout à fait inadmissible.

En l'occurrence, saint Grégoire le Grand avait sûrement en vue le
passage célèbre du *De sacramentis* : *Vis scire quia verbis coelesti-
bus consecratur ? Accipe quae sunt verba : Fac nobis hanc oblationem
adscriptam, ratam, rationabilem, acceptabilem, quod figura est corporis et sanguinis Domini nostri J.-C. qui pridie quam pateretur...* (3)

De tradition apostolique, c'est bien à cette prière en forme d'épiclèse (notre *Quam oblationem*), composée en partie par un homme
docte, pour introduire dans le récit canonique les paroles de l'institution, que s'opère par la toute-puissance de celles-ci la consécration. Le texte éminemment doctrinal de saint Grégoire doit donc
se traduire ainsi :

« Nous récitons l'Oraison dominicale aussitôt après le Canon *(post
precem)* pour cette raison : parce que la coutume des apôtres fut

---

(1) Cette interprétation est celle de Dom Guéranger (*Inst. liturg.*, 2e éd., t. I,
p. 160), celle de Mgr Duchesne (*Origines*, p. 184). Elle est encore adoptée par des
auteurs récents, comme Wordsworth, *Ministry of grace* (London 1903), p. 382,
comme Gore, *Body of Christ*, p. 289, et parmi nous par H. Schell, *Katholische
Dogmatik*, t. III, 2 (Paderborn, 1903), p. 543.

(2) Cf. Mgr BATIFFOL, *l'Eucharistie*, 5e éd. 1913, p. 352-353. F. PROBST, *Liturgie
der drei ernsten christlichen Jahrhunderte* (Tubingue, 1870), p. 366.

(3) PSEUDO-AMBROS, *De sacramentis*, IV, 14.

de consacrer l'hostie (le pain et le vin) seulement à la prière même de l'oblation, il m'a paru fort inconvenant que nous disions sur l'oblation une prière composée par un homme docte (*scholasticus*), et que l'oraison traditionnelle même *(ipsam traditionem)* (1) composée par notre Rédempteur ne soit point dite par nous, sur son corps et sur son sang. »

Certains auteurs ont pensé que le pape saint Grégoire, en fixant la récitation de l'Oraison dominicale aussitôt après le Canon *(mox post precem)*, conformément à l'usage de Constantinople, n'aurait fait que la transférer à cette place alors qu'elle se récitait auparavant après la fraction, suivant l'usage en vigueur dans les liturgies latines de Milan, d'Afrique, d'Espagne et des Gaules. « Ce qui me porte à le croire, dit Mgr Duchesne, c'est qu'il n'y a, dans les anciens livres romains, aucune prière immédiatement préparatoire à la Communion. » (2) Une telle opinion ne me paraît pas soutenable, parce qne si la place du *Pater* dans la liturgie romaine eût été fixée après la fraction, il n'en aurait pas moins été récité « sur le corps et sur le sang de Jésus-Christ », et rien alors ne justifiait sa translation au point de vue où se place saint Grégoire. Quant à la raison invoquée ci-dessus par Mgr Duchesne, elle n'est pas non plus très solide. Le *Memento* des défunts et le *Nobis quoque peccatoribus* dans leur forme actuelle étant deux prières adventices, empruntées à la liturgie hagiopolite, il reste que, suivant l'ordonnance de la messe primitive, la prière préparatoire à la Communion dans les anciens livres romains était régulièrement constituée par la formule de l'Épiclèse (notre *Supplices*) jointe à celle de la fraction et de la réunion symbolique des saintes Espèces *(Haec commixtio)* qui en est le complément (3).

La meilleure preuve à invoquer pour rendre raison de l'absence du *Pater* dans la messe romaine avant saint Grégoire, c'est que, dans toutes les liturgies qui ne comportent pas la récitation de l'Oraison dominicale, cette omission entraîne, par le fait, celle de la bénédiction épiscopale qui en est le couronnement. Or, il est manifeste que l'Église romaine s'est toujours opposée à incorporer ce dernier rite

---

(1) L'expression *ipsam traditionem* pour désigner le *Pater* est empruntée à saint Cyprien, *De orat. dominica*, I : « ... *De traditione quoque eius vere et spiritualiter adoremus.* »

(2) Mgr Duchesne, *op. cit.*, p. 186, en note.

(3) On remarquera, du reste, que nos prières actuelles préparatoires à la Communion : *Domine, Jesu Christe* et *Perceptio corporis tui*, ne font que reprendre le thème fondamental de l'épiclèse conclusive du Canon dans l'ensemble des liturgies chrétiennes.

dans sa liturgie, allant même jusqu'à en condamner l'usage dans les Églises gallicanes.

Bien que la récitation du *Pater* par tout le peuple en Gaule soit comme telle une particularité empruntée aux liturgies orientales, ce n'est pas cependant sous l'influence directe de ces dernières que cette prière elle-même a été introduite dans le rite gallican à l'époque gallo-romaine, mais sous l'influence plus immédiate de la liturgie d'Afrique, comme nous allons tenter de le démontrer à propos du rite connexe de la bénédiction.

6° La bénédiction solennelle du peuple par l'évêque au moment de la Communion, pour n'être point un rite de tradition apostolique, n'en est pas moins recommandable par l'ancienneté de son origine. On tenait tant à ce rite en Gaule qu'il fut maintenu, même après l'adoption de la liturgie romaine. « Presque tous les sacramentaires du moyen âge, dit à ce sujet Mᵍʳ Duchesne, contiennent des formules de bénédiction; maintenant encore, elles sont en usage dans l'Église de Lyon. » (1) Or, voici comment le Pape Zacharie en parlait dans une lettre à saint Boniface, écrite en 751 :

Pro benedictionibus autem quam faciunt Galli, ut nosti, frater, multis vitiis variant. Nam non ex apostolica traditione hoc faciunt sed per vanam gloriam hoc operantur, sibi ipsis damnationem adhibentes, dum scriptum est : « Si quis vobis evangelisaverit praeter id quod evangelisatum est, anathema sit. » Regulam catholicae traditionis suscepisti, frater amantissime : sic omnibus praedica omnesque doce, sicut a sancta Romana cui Deo auctore deservimus, accepisti ecclesia (2).

Saint Cyrille de Jérusalem, dans sa Vᵉ catéchèse « mystagogique » prononcée en 348, ne fait aucune mention du rite de la bénédiction. L'Église hagiopolite ne devait pas tarder à le pratiquer sans doute, puisque la pèlerine espagnole Euchérie, qui visita les Saints Lieux vers 381-384 (3), en signale l'usage dans sa description par trop sommaire de la messe dominicale à la grande église de Jérusalem. Le dimanche à l'aurore, dit-elle, on remplit à l'église constantinienne

---

(1) Mᵍʳ Duchesne, *op. cit.* p. 101. Lebrun, *Explication de la Messe*, éd. de 1860, t. II, p. 230, signale à ce sujet que dans les anciens pontificaux de Lyon écrits depuis Charlemagne, il n'y avait point de bénédiction épiscopale avant le *Pax Domini*. On ignore, ajoute cet auteur, depuis quel temps on a repris cet usage dans l'Ordo lyonnais.

(2) Jaffé, 2291.

(3) Cf. J.-B. Thibaut, *Ordre des offices de la Semaine Sainte à Jérusalem du* IVᵉ *au* Xᵉ *siècle*, Introduction, p. 8.

situće sur le Golgotha toutes choses qui sont de coutume partout
en ce jour. Après les multiples prédications (car on prêche en
diverses langues), on prononce le renvoi, et toute l'assistance,
à l'exception des catéchumènes, se rend à la basilique de l'Anastasis :
l'évêque y fait alors son entrée solennelle et pénètre dans l'intérieur
de la balustrade du Saint-Sépulcre. « En premier lieu, on rend des
actions de grâces à Dieu (allusion au Canon de la messe); ensuite,
on fait l'oraison pour tous (prière catholique qui termine le Canon);
bientôt après, le diacre lance une proclamation et tous les fidèles
présents inclinent la tête, alors l'évêque les bénit en se tenant debout
dans l'intérieur de la balustrade, puis il se retire. » (1) Nous avons
vu par ailleurs que saint Augustin invoque l'usage du rite de la
bénédiction dans sa lettre CLXXIX à l'évêque Jean de Jérusalem
pour combattre l'erreur de Pélage sur la nécessité de la grâce. Si
tant est que l'institution du rite de la bénédiction épiscopale puisse
être attribuée à l'Église de Jérusalem, ce qui est fort probable,
j'estime pourtant que ce n'est pas directement sous l'influence de la
liturgie hagiopolite qu'il a été adopté par les Églises des Gaules,
mais sous l'influence de la liturgie d'Afrique dont le rayonnement
s'étendit au IV° siècle en Espagne, dans la Gaule narbonnaise et en
Provence.

Certes, l'établissement de ce fait historique est d'une grande
importance pour la solution du problème des origines de la liturgie
gallicane. En voici la preuve : l'ordre logique des cérémonies de la
fraction et de la réunion des saintes Espèces, de la récitation du
Pater et de la bénédiction dans les liturgies latines d'Afrique,
d'Espagne et des Gaules, est parfaitement identique et n'admet
point, en outre, la formule célèbre du *Sancta sanctis* (2). Cet
ordre distinctif est le suivant :

1° Fraction et commixtion des saintes Espèces.
2° Oraison dominicale.
3° Bénédiction avec imposition des mains.
4° Communion.

Par contre, dans les liturgies byzantines de saint Jacques, de saint
Basile et de saint Jean Chrysostome, dans la messe alexandrine et

----

(1) *Peregrinatio ad loca sancta* (DUCHESNE, *Origines du culte chrét.*, Appendice,
p. 496) : « ... *Primum aguntur gratiae Deo, et fit oratio pro omnibus; postmodum
mittet vocem diaconus et inclinent capita sua omnes, quomodo stant; et sic bene-
dicet eos episcopus stans intra cancellos interiores, et postmodum egreditur.* »
(2) Sur cette formule liturgique, voir J.-B. THIBAUT, « l'Elévation symbole de
l'Unité », rev. *l'Eucharistie*, nov.-déc. 1924, p. 548-552.

dans la plupart des liturgies orientales en diverses langues, l'ordonnance de ces mêmes rites, tout en restant, elle aussi, homogène, accuse une disposition différente de celle qui règne dans l'ensemble des liturgies latines. En voici l'économie :

1° Oraison dominicale.
2° Bénédiction.
3° *Sancta sanctis.*
4° Fraction et commixtion.
5° Communion.

Ainsi donc, la récitation du *Pater* et la cérémonie de la bénédiction du peuple avant la Communion sont deux éléments rituels qui étaient communs aux liturgies latines, exception faite de celles de Milan et de Rome. Ces éléments, attestés par saint Optat de Milève, dans la messe d'Afrique en 366, ont dû être introduits de très bonne heure dans les Églises gallo-romaines, mais ils ne sont pas pour autant des traits distinctifs de l'ancienne liturgie gallicane.

Somme toute, il ne reste, en fait de traits rituels gallicans remontant à l'époque gallo-romaine, que cinq éléments, qui figurent tous dans la première partie de la messe, à savoir :

1° La psalmodie avec prières intercalaires.
2° La leçon prophétique.
3° La prière pour le peuple avant l'Offertoire.
4° La lecture des diptyques.
5° Le baiser de paix avant le Canon.

Comme il a été déjà démontré que ces éléments se rattachent, en principe, aux usages rituels des Églises orientales, c'est ici le lieu d'avoir recours à l'étude des liturgies comparées, dans le but de reconnaître quelle est, entre toutes, celle qui pourrait être justement considérée comme le prototype de la liturgie gallicane. Or, après mûr examen, nous sommes bien obligés de constater qu'entre toutes les liturgies orientales, celle du Pseudo-Denys l'Aréopagite, identifiée par nous avec la liturgie type de l'Église d'Éphèse, adoptée en partie par les Syriens orientaux, est la seule qui comporte dans son avant-messe, à quelques modifications près, tous les éléments caractéristiques signalés dans la liturgie gallo-romaine à partir du ve siècle, à savoir :

1° La psalmodie normale comportant l'exécution de plusieurs psaumes (1) sans adjonction apparente de prières intercalaires.

---

(1) *De Eccles. Hier.*, III, 2 : « ἀπάρχεται τῆς ἱερᾶς τῶν ψαλμῶν μελῳδίας ».

2° La leçon prophétique au premier rang des lectures scripturaires.

3° Le rôle tripartite des prières pour les catéchumènes, pour les pénitents et pour les fidèles.

4° Le baiser de paix.

5° La lecture des diptyques des défunts avant le Canon.

On relève donc, dans cet ordre rituel comparé à celui de la messe gallicane à son premier stade de formation, une légère modification dans l'exécution de la psalmodie et une simple interversion entre la cérémonie du baiser de paix et la lecture des diptyques (1). Si tant est que ces différences soient à négliger, sommes-nous par suite autorisés à conclure, du fait incontestable de la conformité relative de ces deux ordres liturgiques, qu'ils dépendent l'un de l'autre, que la messe dite gallicane revendique sûrement, de ce chef, une origine éphésienne?

Eh bien! non. Pour être en droit de porter un jugement aussi absolu en la matière, il faudrait encore démontrer que la concordance des deux liturgies s'étend également sur les parties essentielles de la messe : le Canon et la Communion, ce qui n'est pas le cas. Le Pseudo-Aréopagite passe sous silence, il est vrai, les rites de la Consécration, mais il mentionne parfaitement ceux qui se rapportent à la distribution du sacrement de l'Eucharistie. Or, cet auteur ne signale en aucune façon la récitation de l'Oraison dominicale au terme du Canon, de même que le rite de la bénédiction du peuple par le célébrant. Si la liturgie éphésienne eût été importée d'Asie en Gaule par des missionnaires asiates, il est à croire que les Églises gallo-romaines auraient tenu à honneur de maintenir avec fermeté, dans l'ordonnance de cette partie de la messe, les usages établis par leurs fondateurs.

En constatant, d'une part, un certain degré d'affinité entre les liturgies éphésienne et gallicane en raison de leur commune disposition des principaux éléments rituels de leur avant-messe, et de l'autre, la divergence notable qui les sépare dans l'économie des rites préparatoires à la Communion, nous devons en conclure que la liturgie gallicane ne doit pas son origine à une importation directe de la liturgie éphésienne dans les Gaules aux iv⁰ et v⁰ siècles, mais qu'elle en procède cependant dans une certaine mesure par voie d'imitation ou d'emprunt. C'est ce qui donne une fois de plus raison au pape Innocent I⁰ʳ quand il dit du rite gallican qu'il provient d'une imitation étrangère : *aut aliunde accipere videatur exemplum.*

---

(1) La liturgie chaldéenne ne comporte pas cette interversion.

La fin de la lettre d'Innocent à l'évêque d'Eugubium est encore très
significative sur ce point. En voici la traduction littérale :

« ... Sans doute, votre dilection est venue souvent à Rome, et a pris
part avec nous aux assemblées de l'Eglise, connaissant ainsi quelles
sont les coutumes qu'elle observe dans la consécration des mystères
et dans les autres choses secrètes qui sont à accomplir. Que cela
doive suffire pour la formation de votre Église ou sa réforme au cas
où vos devanciers auraient moins bien conservé ou changé quelque
chose, nous le tiendrons pour très certain, à moins que vous jugiez
devoir nous consulter sur quelque point particulier. Pour cette raison nous leur répondons, non que nous soyons persuadé que vous
ignorez quelque chose, mais pour que vous enseigniez les vôtres
avec une plus grande autorité, ou bien que s'il en est qui s'écartent
des principes de l'Église romaine, vous ayez, soit à leur donner
des avertissements, soit à ne pas différer de nous les signaler, afin
que nous puissions connaître quels sont ceux qui introduisent des
nouveautés ou qui jugent que l'on peut suivre la coutume d'une
Église autre que celle de Rome. » (1)

Un doute subsiste donc dans la pensée du Pape au sujet de la provenance des particularités rituelles qui sont, à sa grande surprise,
en passe de s'établir. Faut-il les attribuer à l'initiative d'un novateur
dépourvu de toute autorité, ou bien seraient-elles le fait d'un ama-
teur passionné des usages d'une Église autre que celle de Rome ?
Et certainement, par Église autre que celle de Rome, il convient
d'entendre ici, en tenant compte de tout le contexte de la lettre du
pape Innocent, une Église située hors du patriarcat romain, fût-elle
aussi bien en état de se prévaloir d'une origine apostolique. Or, tel
était précisément le cas en la circonstance. D'un côté, les particularités rituelles signalées par l'évêque d'Eugubium constituaient déjà,
au v siècle, une des notes distinctives de l'ordo liturgique d'une
Eglise orientale : celle d'Éphèse, qui revendiquait elle aussi une
origine apostolique. De l'autre, ces mêmes particularités, comme
l'évêque d'Eugubium venait par occasion d'en avoir connaissance,
étaient en voie de s'introduire en Gaule, grâce à l'ascendant exceptionnel de quelque personnage ecclésiastique dont l'identité reste
à établir.

Maintenant, si l'on a égard à ce fait extraordinaire que la lettre

______

(1) JAFFÉ, 311 : « ... *Quibus idcirco respondemus, non quod te aliqua ignorare
credamus, sed ut maiori auctoritate vel tuos instituas, vel si qui a Romanae
ecclesiae institutionibus errant, aut commoneas, aut indicare non differas, ut
scire valeamus qui sint, qui aut novitates inducunt, aut alterius ecclesiae, quam
Romanae, existimant consuetudinem esse servandam.* »

du pape Innocent (mars 416) est non seulement le premier, mais l'unique document qui nous signale, au ve siècle, l'intrusion, dans la liturgie latine, d'un certain nombre de particularités rituelles qui sont toutes caractéristiques de l'usage qu'on est convenu d'appeler gallican; si l'on considère, d'autre part, que le développement rationnel et homogène apporté à ces usages s'est produit dans le midi de la Gaule sous le patronage des évêques d'Arles et grâce à la coopération des grands monastères provençaux de Saint-Victor de Marseille et de Lérins, on inclinera comme nous à reconnaître pour premier introducteur de certains rites orientaux dans la liturgie monastique d'abord et, par suite, dans la liturgie des Églises galloromaines, Jean Cassien de Serta, le législateur de la vie cénobitique dans notre pays.

Ce Père des moines d'Occident composa, on le sait, les douze livres des *Institutions cénobitiques*, à la requête de Castor, évêque d'Apt (419-426), désireux d'établir la discipline des Ordres religieux de l'Orient dans le monastère qu'il venait de fonder, en prenant modèle sur celui de Saint-Victor de Marseille.

La dédicace de la lettre adressée par l'évêque Castor à Cassien atteste bien, à elle seule, la renommée de l'homme extraordinaire qui avait été, en Palestine et en Égypte, le témoin expérimenté de la vie des serviteurs de Dieu, et à Constantinople le fidèle disciple de saint Jean Chrysostome :

« Au Maître environné par sa sainteté d'une gloire insigne, illustre en toute sa vie, distingué par l'honneur du savoir, à Cassien, notre Père, Castor, le dernier des habitants de la terre, offre l'hommage du plus humble de ses serviteurs. »

Et le pieux évêque d'ajouter : « Nous vous tenons pour l'homme du monde le mieux instruit de la doctrine des monastères orientaux, et en particulier de ceux de l'Égypte et de la Thébaïde : n'avez-vous pas illustré de votre présence les lieux rendus célèbres par la nativité du Seigneur? Ainsi donc, possédant à fond toutes les branches de la science catholique, serait-il convenable que vous nous abandonniez à notre pauvreté? »

« Je le réclame instamment de Votre Paternité : ne refusez pas à notre nouveau monastère de lui expliquer d'une manière toute simple, telle que les Pères vous les ont apprises, les institutions cénobitiques que vous avez vues s'établir en Égypte et en Palestine, et que vous faites vous-même observer. »

Cassien se rendit à ces instances en composant ses *Institutions*, non pas seulement dans un but d'édification, mais surtout en vue d'implanter d'une manière rationnelle, dans les Gaules, la discipline

plus tard, non pas en Syrie, mais à Éphèse. De fait, le Pseudo-Aréopagite, dans sa X⁰ lettre adressée à Jean, théologien, apôtre, évangéliste, en exil dans l'île de Pathmos, donne bien à entendre qu'il séjourne lui-même à Éphèse où il attend le retour du disciple bien-aimé : « ... et bientôt (je le dis, quoique avec audace), bientôt nous serons réunis à vous. Car je mérite pleinement confiance en apprenant et déclarant ce que vous tenez de Dieu, savoir : que vous serez délivré de la prison de Pathmos ; que vous retournerez sur la terre d'Asie, et que là vous accomplirez les exemples du Dieu bon pour les laisser en tradition à la postérité (1). Quant aux *Élévations sur l'Eucharistie* du Pseudo-Denys l'Aréopagite, il est manifeste qu'elles ne sont que le brillant commentaire d'une liturgie accusant une ordonnance distincte de celle des *Constitutions apostoliques*, qui représente le type Jérusalem-Antioche. Elle débute par le chant de plusieurs psaumes davidiques ; la prière commune et générale suivie du baiser de paix et de la lecture des diptyques des saints y figurent avant l'anaphore et nullement après l'Épiclèse conclusive du Canon. Saint Maxime de Constantinople, dans ses scolies sur la *Hiérarchie ecclésiastique*, signale avec soin cette dernière particularité en constatant que telle est encore, de son temps, la note caractéristique de la liturgie des Églises d'Asie : « Chez nous, dit-il, les diptyques ne se placent pas en premier lieu ; suivant ce Père (le Pseudo-Aréopagite), on récite les diptyques après le baiser de paix comme en Anatolie. » (2) Par Anatolie, il faut entendre l'Asie Mineure proprement dite, l'antique province d'Asie où Éphèse conserva longtemps une primauté d'honneur sur des Églises comme celles de Smyrne, Sardes, Pergame et autres, en raison de son origine apostolique.

Telle était au vi⁰ siècle, même en Occident, la notoriété de l'ordre liturgique éphésien, que le Pape Jean III (560-573) le range à juste titre parmi les quatre ordres types en usage de tradition apostolique dans les grandes Églises de la chrétienté. En envoyant le pallium à Edaldus, archevêque de Vienne en Gaule, lequel lui avait soumis plusieurs questions liturgiques dans une lettre qui est malheureusement perdue, le Pape Jean III lui écrit : « Quant aux cérémonies de la messe au sujet desquelles vous m'avez consulté dans vos lettres, sache votre charité qu'elles s'accomplissent différemment dans les

---

(1) S. Dionysii Areop., Ep. X ; *P. G.*, t. I, 1117-1120 : « ... μικρόν δὲ ὕστερος (ἐρῶ γὰρ, εἰ καὶ τολμηρόν) ὑμῖν αὐτοῖς ἐνωθησομένους· κτλ. »

(2) S. Maximus, *Schol. in Dionys. Areop.*, H. E., III, 2 : « ἐπὶ δὲ τοῦ πατρος τούτου μετὰ τὸν ἀσπασμὸν τὰ δίπτυχα ἐλέγετο ὥσπερ καὶ ἐν Ἀνατολῇ. » Cf. Brightman *Liturgies eastern and western*, p. 485.

promis jadis par les prophètes, descendit sur les apôtres en prière. A la sixième heure (midi), Notre-Seigneur et Sauveur s'est offert à son Père sur la croix pour la rédemption du monde. A la neuvième heure (3 heures), le Seigneur rendit son dernier soupir, son corps fut déposé dans le sépulcre, et son âme pénétra jusqu'aux enfers pour en délivrer les justes. Et Cassien de conclure : « Tout ceci prouve avec évidence que ces heures, légitimement consacrées aux devoirs de la religion par les saints de l'âge apostolique, doivent être de même accomplies par nous. » (1)

Dans les nouveaux monastères de la Gaule, diverses coutumes étaient alors en passe de s'établir sur ce point. « Il en est, dit le grand abbé de Marseille, qui, pour les offices du jour, à savoir : Tierce, Sexte et None, ont eu l'idée que la somme des oraisons et des psaumes devait égaler le nombre ordinal de l'heure à laquelle nous rendons cet hommage à Dieu ; il a plu à quelques autres d'assigner le nombre six à toutes les synaxes du jour. Telle est la raison qui m'a fait penser à la nécessité de publier l'antique loi des Pères. » Or, cette loi assignait, pour chacune des heures canoniales, la récitation de trois psaumes et de trois oraisons intercalaires, usage qui ne devait pas tarder à prévaloir dans les monastères de la Provence et, par la suite, dans ceux de toute la Gaule, de l'Espagne, de l'Irlande et de la Grande-Bretagne.

Le rôle principal de Cassien, dans la propagation du cours plénier de l'office monastique en Occident, est attesté d'une façon remarquable par un texte anonyme du viii⁰ siècle relatant l'origine du *Cursus Scottorum*. Par *cursus*, il faut sans doute entendre, tout d'abord, le cours nocturne et diurne de la psalmodie, mais sans exclure pour autant le service principal de la liturgie dominicale. D'après ledit texte anonyme, l'institution du *Cursus Scottorum* est attribuée à saint Marc (2), qui aurait évangélisé non seulement l'Égypte, mais encore l'Italie. Ce *cursus* original, adopté par Grégoire de Nazianze, par Basile de Césarée et les moines de l'Orient, par les Antoine, les Paul et les Macaire en Égypte, fut introduit dans les Gaules par Cassien qui l'implanta à Lérins, où il fut régulièrement observé par Honorat, Césaire d'Arles, Porcaire, Loup et Germain. Ces deux derniers personnages enseignèrent les saintes lettres au bienheureux Patrice, et l'initièrent de même à la pratique

---

(1) *Ibid.*, III, 3.

(2) Cassien, dans ses *Institutions cénobitiques*, livre II, chapitre v, déclare, en effet, que les premiers moines égyptiens (les Thérapeutes) tenaient leur règle de vie de l'évangéliste Marc, de bienheureuse mémoire, qui fut le premier évêque d'Alexandrie.

du *cursus* monastique qu'il devait à son tour établir en Grande-Bretagne et en Irlande (1).

Cependant, les exercices monastiques des heures canoniales ne furent nulle part dans les Gaules, pas plus qu'ailleurs, de l'office public du clergé avant le début du VIe siècle. Au dire de son biographe, saint Césaire d'Arles institua, dès son élévation à l'épiscopat, la psalmodie d'un *cursus* diurne (Tierce, Sexte et None) dans sa cathédrale (2).

Cette innovation ne laissa pas de trouver, elle aussi, des imitateurs dans les différentes métropoles des Gaules. Saint Grégoire de Tours attribue, en effet, à l'un de ses prédécesseurs sur le siège de Tours, Injuriosus (†545), l'institution de l'usage, bien établi depuis lors, de célébrer Tierce et Sexte dans la basilique de Saint-Martin (3). Le Concile de Tours, tenu en 567, prescrivit à ce sujet, par son canon 18, « de réciter six psaumes à Sexte et douze à la douzième heure, avec l'*Alleluia* » (4), suivant un des premiers modes d'exécution des heures canoniales adoptés en Gaule dans certains monastères, au temps de Cassien.

Ceci posé, abordons maintenant le point essentiel de notre démonstration. L'office monastique des heures canoniales, d'après l'ordre relevé par Cassien en Orient, comportait en semaine, la récitation de trois psaumes suivis chacun d'une oraison. L'unique repas du jour se prenait alors après la récitation de None. Le dimanche bénéficiait avec raison d'une réglementation privilégiée, qui ne laissait pas de faire une heureuse diversion et d'apporter un adoucissement au jeûne rigoureux de la semaine. En ce jour solennel, la célébration de la messe tenait lieu tout ensemble de l'accomplissement de Tierce et de Sexte. La synaxe prenait fin vers midi, le repas suivait tout aussitôt, devancé de la sorte de trois bonnes heures, et sur le soir, les moines avaient encore la licence de prendre part à une légère collation.

On a jusqu'ici fort négligé le chapitre XI du livre III des *Institutions cénobitiques* dans lequel Cassien expose, trop brièvement à notre gré, certaines particularités de la synaxe eucharistique du

---

(1) Cf. HADDAN AND STUBBS, *Councils and Ecclesiastical documents relating to great Britain and Ireland*. Oxford, 1873, t. I, p. 139-140.

(2) *Vita Caesarii*, 13 (Bolland. *Acta SS. Augusti*, t. VI, p. 67) : « *De profectibus cunctorum sollicitus et providus pastor, statim instituit, ut cotidie tertiae sextaeque et nonae opus in sancti Stephani basilica clerici cum hymnis cantarent...* »

(3) GRÉG. TURON., X, 31 : « *Hic instituit tertiam et sextam in ecclesia dici, quod modo in Dei nomine perseverat.* » L'omission de None prouve qu'il s'agit ici uniquement de l'institution d'un service festal et dominical.

(4) Cf. HÉFÉLÉ-LECLERCQ. *Hist. des Conciles*, t. III, p. 189.

dimanche. Voici, en raison de son importance, la traduction littérale de ce chapitre, dont nous tirerons ensuite tous les enseignements qu'il comporte.

« A la vérité, on ne doit pas ignorer que, le dimanche, il ne se célèbre avant le repas qu'un seul office *(missam)* dans lequel, par révérence pour la synaxe elle-même et la communion du Seigneur, les moines consacrent plus de solennité et d'intérêt à la récitation *des psaumes, des oraisons et des lectures;* ils estiment que par cet office, Tierce et Sexte sont également accomplis. Cela se fait de telle manière qu'on ne diminue en rien le service de la prière, car on ajoute des leçons; et néanmoins, il semble qu'une certaine variété, un adoucissement soit ainsi accordé aux frères en considération de la Résurrection du Seigneur par comparaison avec les autres jours, adoucissement qui paraît détendre l'observance de toute la semaine; et par cela même qu'on introduit une certaine variété, celle-ci incite légitimement à attendre de nouveau ce même jour du dimanche comme une fête, attente qui rend moins sensibles les jeûnes de la semaine suivante. » (1)

Ainsi donc, d'après la coutume monastique, le dimanche, les heures canoniales de Tierce et Sexte sont dûment remplacées par la partie psalmodique de l'avant-messe, dès lors qu'elle comporte de même tous les éléments du cours diurne de l'office, à savoir : trois psaumes suivis chacun de trois oraisons auxquelles on ajoute de plus trois leçons scripturaires, le tout célébré avec un surcroît de solennité par révérence pour la synaxe et la communion du Seigneur. Or, telle est précisément l'économie exceptionnelle du rôle initial de la psalmodie avec oraisons et lectures intercalaires dans la messe gallicane, ainsi que nous l'avons établi au cours du chapitre précédent du présent ouvrage (2). D'où nous sommes en bon droit de conclure que Cassien, l'homme le plus célèbre et le plus influent dans les milieux monastiques aussi bien que dans le clergé du midi de la Gaule au début du vᵉ siècle, doit être considéré, de

____

(1) CASSIAN., *De Instit. coen.* (*P. L.*, t. XLIX, p. 149) : « *Verum ne hoc quidem ignorandum, die dominico unam tantummodo missam ante prandium celebrari : in qua psalmorum atque orationum seu lectionum pro ipsius collectae vel communionis dominicae reverentia solemnius aliquid ac propensius impendentes, in ipsa tertiam, sextamque pariter consummatam reputant. Itaque fit ut de orationum obsequiis nihil imminuatur, adiectione scilicet lectionum : et nihilominus differentia quaedam, vel remissio videatur fratribus indigeri pro reverentia dominicae resurrectionis prae caetero tempore quae et totius septimanae videatur observantiam relaxare, et pro hac ipsa, quae intermiscetur, quadam differentia eumdem diem velut festivum provocet rursum solemnius expectari, minusque faciat hebdqmadis venturae ieiunia huius expectatione sentiri.* »

(2) Voir ch. II, § 3 et 4.

fait, comme l'ordonnateur principal et le véritable père de la liturgie gallicane.

Il nous reste cependant un dernier point à éclaircir. Comment expliquer que Cassien ait de préférence introduit dans les Gaules des usages liturgiques qui semblent se rattacher à ceux de l'Église d'Éphèse (1), quand on sait qu'il a dû suivre, au cours de sa vie de moine pèlerin, la liturgie hagiopolite à Bethléem, celle dite de saint Marc en Egypte, et finalement celle de l'Église de Constantinople où il reçut le diaconat des mains de saint Jean Chrysostome? Cette question, à vrai dire, ne laissait pas que de nous paraître fort embarrassante. Tout bien considéré, seule la connaissance du lieu d'origine de notre personnage était de nature à nous éclairer sur ce point. Or, ce problème historique restait lui-même en litige. Raison de plus pour en chercher la véritable solution. C'est alors qu'après un examen approfondi des œuvres de Cassien, nous fûmes amené à reconnaître qu'il était Syro-Chaldéen d'origine et natif de *Serta* en Gordyène, province située au nord-ouest de la Mésopotamie. On trouvera la justification de cette thèse toute nouvelle dans l'étude biographique consacrée par nous à Jean Cassien de Serta à la fin du présent ouvrage.

Maintenant, il nous reste à examiner si la liturgie en usage en Mésopotamie et en Chaldée à partir du ive siècle peut soutenir quelques rapports avec la liturgie type d'Éphèse, et par suite, avec celle qui fut introduite dans les Gaules à l'époque de Cassien.

La liturgie des Chaldéens ou Syriens orientaux est actuellement représentée par la liturgie fondamentale *des apôtres Addaï et Maris* (2), en usage dans l'Église nestorienne en Perse, dans le Haut-Kurdistan et dans l'Inde anglaise sur la côte du Malabar. Cette même liturgie est également pratiquée par les Chaldéens catholiques de la Mésopotamie et du Kurdistan arménien, et, sous une forme romanisée, par les Syriens catholiques du Malabar. Or, il convient de savoir que, par une coïncidence remarquable, la *liturgie des apôtres Addaï et Maris* concorde exactement, quant à l'ordonnance de l'avant-messe dite messe des catéchumènes, avec celle du Pseudo-Denys l'Aréopagite identifiée par nous avec celle d'Éphèse. En voici du reste, sous forme schématique, l'ordonnance primitive,

---

(1) Le transfert sous Théodose le Jeune (vers 449) des reliques des *Sept Dormants d'Éphèse* à l'abbaye de Saint-Victor, est assurément un précieux indice de l'existence d'un courant de relations entre la grande abbaye de Marseille et la métropole apostolique de l'Asie.

(2) Cf. E. Renaudot, *Liturgiarum orientalium collectio* (Paris, 1716), t. II, p. 568-587. — E. Brightman, *Liturgies Eastern and Western*, t. I, p. 247-305.

hormis le chant du *Trisagion* et la récitation du Symbole, éléments ajoutés au vi⁰ siècle :

1⁰ Chants psalmodiques comprenant un rôle de trois psaumes.

2⁰ Lectures scripturaires précédées et suivies d'une oraison : Leçon prophétique, Épître, Évangile.

3⁰ Prière secrète pour le peuple avec inclination.

4⁰ Renvoi des catéchumènes.

5⁰ Présentation des oblats sur l'autel.

6⁰ Diptyques des saints, des vivants et des morts.

7⁰ Baiser de paix.

A partir du Canon, l'ordonnance générale de la messe chaldéenne est plutôt conforme à celle de la liturgie de Jésusalem-Antioche. Elle comporte notamment, après la doxologie qui met fin à l'action de grâce, la cérémonie on ne peut plus compliquée de la fraction, signation, intinction, réunion, division et commixtion des saintes Espèces, cérémonie suivie de la récitation du *Pater*, de la proclamation du *Sancta sanctis* et de la bénédiction du peuple avant la Communion (1).

Ainsi donc, l'économie de la liturgie chaldéenne accuse un ordre composite mi-éphésien ; mi-hagiopolite. De fait, comme nous croyons l'avoir suffisamment démontré, cet ordre est aussi bien celui du rite gallican tel qu'il a été introduit par Cassien dans les monastères de la Provence au début du v⁰ siècle, tel qu'il a été développé sur le même plan, et porté à son point de perfection par saint Césaire d'Arles.

A la fin du vi⁰ siècle, la liturgie gallicane présentait encore un tel caractère de nouveauté aux yeux du moine Augustin, envoyé en mission en Angleterre par le Pape saint Grégoire, que le futur archevêque de Cantorbéry s'empressa d'en référer à cet illustre pontife : « Dès lors, lui mande-t-il, qu'il n'y a qu'une foi, pourquoi les coutumes des Églises sont-elles si différentes ; pourquoi la manière de célébrer la messe est-elle autre dans l'Église romaine que dans les Églises des Gaules ? » Et le Pape saint Grégoire de répondre dans sa sagesse : « Votre fraternité connaît les coutumes de l'Église romaine au sein de laquelle elle se souvient d'avoir été élevée. Mais il me plaît personnellement que, soit dans l'Église romaine, soit dans celles des Gaules, soit dans n'importe quelle Église dans laquelle vous aurez trouvé quelque chose qui puisse être plus

____

(1) Nous traiterons comme il convient de la liturgie chaldéenne dans notre ouvrage en préparation sur la *Constitution et généalogie des liturgies chrétiennes*, dont le présent travail fait partie.

agréable au Dieu tout-puissant, vous le recueilliez avec soin, et ce que vous aurez pu ainsi recueillir dans les diverses Eglises, introduisez-le par une institution spéciale dans l'Église des Anglais qui est encore nouvelle dans la foi. Car ce ne sont pas les usages à cause des pays, mais les pays en considération de leurs usages que nous devons aimer. » (1)

Cependant, l'influence du rite romain devait peu à peu se faire sentir dans les Gaules par suite de la fondation et de la rapide extension des monastères bénédictins, qui s'incorporèrent bientôt les monastères de l'observance de Cassien (2) et de saint Colomban (3). Il se produisit d'abord des combinaisons entre les deux usages dans le choix et la distribution des textes liturgiques, comme on le voit par des livres gallicans qui remontent à la dernière période du régime mérovingien. Quant à l'ordre particulier des cérémonies gallicanes, auxquelles le peuple demeurait par accoutumance très attaché, il était, certes, en état de subsister longtemps encore si une autorité souveraine n'eût entrepris d'en prescrire et d'en imposer fortement l'abolition; et ce, afin de lui substituer l'ordo romain par égard pour le Siège apostolique.

La suppression de l'usage gallican dans les églises du royaume franc, au milieu du VIIIᵉ siècle, fut, sans contredit, une brusque réforme entreprise par Pépin le Bref avec l'assentiment du Pape Étienne II, et poursuivie avec zèle par Charlemagne (4). En principe, cette réforme aurait dû avoir pour résultat l'adoption pure et simple du rite romain alors en vigueur; elle n'aboutit cependant qu'à l'établissement d'une seconde liturgie franque d'un ordre composite qui devint bientôt, par un singulier retour d'influence, la liturgie même de l'Église romaine.

----

(1) S. GRÉG. M., ép. XI, 64 (56) : « *Cum una sit fides, cur sunt ecclesiarum consuetudines tam diversae, et altera consuetudo missarum est in Romana ecclesia atque altera in Galliarum ecclesiis tenetur? — Novit fraternitas tua Romanae ecclesiae consuetudinem in qua se meminit enutritam. Sed mihi placet ut sive in Romana, sive in Galliarum, sive in qualibet ecclesia aliquid invenisti quod plus omnipotenti Deo possit placere, sollicite eligas et in Anglorum ecclesia, quae adhuc in fide nova est, institutione praecipua quae de multis ecclesiis colligere potuisti infundas. Non enim pro locis res, sed pro rebus loca nobis amanda sunt.* »

(2) La règle bénédictine fut introduite à Lérins par l'abbé Aygulphe, vers 666. Cf. ALLIEZ, *Histoire du monastère de Lérins*, 1860, t. I, p. 371.

(3) Cf. MONTALEMBERT, *les Moines d'Occident*, 6ᵉ éd., 1878, t. II, p. 656-663. Voir aussi sur ce sujet l'importante dissertation de M. l'abbé Malnory, *Quid Luxovienses monachi ad regulam monasteriorum atque ad communem Ecclesiae profectum contulerint*. Paris, 1894, p. 20.

(4) Sur cette question, voir l'excellente étude de M. l'abbé P. Netzer, *Introduction de la Messe romaine en France sous les Carolingiens*. Paris, 1910, ch. III, p. 30-48.

CONCLUSIONS

Voici, en résumé, les conclusions qui se dégagent de ce laborieux examen :

I. Des trois théories mises en avant jusqu'ici par de doctes auteurs pour résoudre le difficile problème des origines de la liturgie gallicane, aucune n'est satisfaisante. Cependant, cette question est d'un tel intérêt sous le double rapport de la liturgie et de l'histoire qu'il m'a paru opportun d'en rechercher à mon tour la véritable solution en prenant pour base l'examen critique des éléments internes du rituel gallican joint à l'étude des liturgies comparées.

II. Si l'on a égard au préalable 1° aux indications relatives à l'économie rituelle des lectures scripturaires et des supplications de la psalmodie au cours de l'avant-messe, indications qui nous sont données par Gennadius dans la notice consacrée par lui dans son *De viris illustribus* au prêtre Musaeus de Marseille ; 2° au témoignage indirect relatif à la récitation des « oraisons sacerdotales », fourni par le texte du syllabus annexé à la lettre *Apostolici verba* du Pape Célestin aux évêques gallo-romains, témoignage confirmé par celui de saint Prosper d'Aquitaine ; 3° à la structure et au mode d'exécution des formules de prières géminées couramment employées dans la liturgie gallicane, formules composées d'une préface et d'une collecte récitées successivement à haute voix par le prêtre officiant suivant l'usage romano-africain ; 4° à la présence dans la liturgie gallicane de la formule introductive des paroles de la Consécration : *Qui pridie quam pateretur*, formule qui est propre aux liturgies occidentales ; 5° à l'ordonnance identique des cérémonies de la fraction et de la commixtion des saintes Espèces, de la récitation du *Pater* et de la bénédiction épiscopale avant la Communion, ordonnance qui règne dans toutes les liturgies latines, hormis l'omission volontaire des deux derniers traits dans celle de Rome, on est amené à en déduire que la messe en usage dans les Églises des Gaules aux IV° et V° siècles devait apparemment être conforme à la liturgie romano-africaine.

III. La liturgie dite gallicane, telle que nous l'avons décrite d'après le texte de l'*Expositio* de saint Germain de Paris, présente, dans son harmonieuse unité, une ordonnance particulière et tout un ensemble d'éléments rituels empruntés aux liturgies orientales. Elle comporte, en outre, quant au choix des hymnes prophétiques comprises dans le rôle de la psalmodie à l'avant-messe, deux traits tout à fait exceptionnels d'origine franque : le chant réglé et uniforme des cantiques *Benedictus* et *Benedicite*, en l'honneur de la

conversion et du baptême de Clovis à Reims, événement à jamais
mémorable qui consacre les débuts de notre histoire nationale.

IV. Cette liturgie singulière, en dépit des apparences contraires,
n'a pas été importée directement d'Orient dans les Gaules par les
missionnaires asiates qui ont été ses premières gloires; elle est
plutôt le résultat d'imitations successives des usages de l'Église
d'Éphèse adoptés par les Églises chaldéennes qui les ont conservés jusqu'à ce jour, et aussi des usages de l'Eglise de Jérusalem,
la cité du sanctuaire qui fut, jusqu'au moyen âge, la grande initia-
trice du culte chrétien.

V. Le fait même de l'apparition tardive des rites accessoires de
la liturgie dite gallicane, fait signalé tout d'abord par le pape Innocent Ier comme une intrusion des usages étrangers dans le patriarcat
romain, nous est un indice certain de la récente formation de cette
liturgie. Par ailleurs, nous avons précisément à relever dans les
Institutions cénobitiques et les *Conférences* de Cassien de rares,
mais très précieux renseignements relatifs à l'introduction du *cursus*
des heures canoniales et à l'ordonnance de la synaxe dominicale
dans les monastères du midi de la Gaule au début du ve siècle :
usage exceptionnel de la psalmodie avec oraisons et lectures intercalaires à l'avant-messe : récitation du *Pater* par tout le peuple à la
suite du Canon eucharistique. Étant donné que toutes ces particularités représentent bien autant de notes caractéristiques de la
liturgie gallicane, nous sommes ainsi amenés à lui donner pour initiateur et pour père Jean Cassien de Serta, en Gordyène, le fondateur de l'abbaye de Saint-Victor de Marseille, le législateur expérimenté de la vie cénobitique en Occident, l'ami et le conseiller de
l'archevêque d'Arles, saint Honorat, fondateur lui-même du grand
monastère de Lérins.

VI. Cette liturgie, d'origine monastique, a été développée sur un
plan initial avec un esprit de suite admirable, et portée à son état
de perfection, au cours de la première moitié du vi^e siècle, par les
archevêques d'Arles formés à l'école de Lérins, et en particulier
par saint Césaire, « le précepteur de l'Église franque ». Partant,
c'est historiquement de l'Église métropolitaine d'Arles, appuyée
par les grands monastères provençaux de Saint-Victor de Marseille
et des îles bienheureuses de Lérins, que la liturgie gallicane
rayonna bientôt dans toutes les Gaules, de l'autre côté même de
la Manche et au delà des Pyrénées.

DOCUMENTS DE LA LITURGIE GALLICANE

1º L'*Expositio liturgiae gallicanae* de saint Germain de Paris. Ce manuscrit coté G. III, de la bibliothèque du Séminaire d'Autun, a été publié pour la première fois par Martène et Durand dans le *Thesaurus novus anecdotorum*, t. V, p. 85-100 (1717); il a été réimprimé par Migne, *P. L.*, t. LXXII, p. 89.

2º Le *Missale gothicum*, conservé à la Bibliothèque vaticane, nº 317, fonds de la Reine. Ce manuscrit a été édité d'abord par Tomasi dans ses *Codices Sacramentorum* (éd. Vezzosi, t. VII), il a été réimprimé par Mabillon dans son traité *De Liturgia gallicana* (Paris, 1685), puis par Muratori, *Liturgia romana vetus* (Venise, 1748, 2 vol. in-fol.), par Nacle et Forbes, *The ancient Liturgies of the gallican Church* (Burntisland, 1855), p. 32, et par Migne, *P. L.*, t. LXII, 325-358.

3º Le *Missale gallicanum vetus*, conservé à la bibliothèque du Vatican, nº 493, fonds Palatin, a été édité par Tomasi, Mabillon, Muratori, Neale et Forbes, *op. cit.*, et par Migne, *P. L.*, t. LXXII, 339-382.

4º Le *Missale Francorum*, conservé à la bibliothèque du Vatican, nº 257, fonds de la reine Christine. Ce manuscrit a été publié par Tomasi, *op. cit.*, par Mabillon dans son *De lit. gal.*, par Muratori, *op. cit.*, et par Migne, *P. L.*, t. LXXII, 317-340.

5º Le *Sacramentarium gallicanum* de Bobbio, conservé à la Bibliothèque nationale, nº 13 246, a été publié par Mabillon dans son *Museum italicum* (Paris, 1687, t. I), puis par Muratori, *Liturgia romana*, t. II, p. 775, par Neale et Forbes, *op. cit.*, p. 205, et par Migne, *P. L.*, t. LXXII, 447-580.

6º Les Messes de Mone, recueil de onze messes gallicanes, déchiffrées dans un manuscrit palimpseste provenant de Reichenau; François-Joseph Mone les publia en 1850, dans ses *Lateinische und griechische Messen aus dem zweiten bis sechsten Jahrhundert* (Francfort, 1850). Ces messes ont été réimprimées par Neale et Forbes, *op. cit.*, p. 1, et par Migne, *P. L.*, t. CXXXVIII, 863-882.

7º Le Lectionnaire de Luxeuil. Ce manuscrit, nº 9427 de la Bibliothèque nationale, a été édité incomplètement par Mabillon dans son traité *De liturgia gallicana*, l. II; il a été réimprimé tel quel dans Migne, *P. L.*, t. LXXII, 171 sq.

8º Un fragment de sacramentaire publié par Mai dans ses *Scriptorum veterum nova collectio e vaticanis codicibus eruta* (Rome 1828), t. III, IIᵉ p., p. 247. M. C. E. Hammond l'a réimprimé dans son *Liturgies eastern and western*, p. LXXXI, on le trouve également dans Migne, *P. L.*, t. CXXXVIII, 863.

9° Un autre fragment publié par Am. Peyron dans son livre intitulé : *M. T. Ciceronis orationum fragmenta inedita* (Stuttgart, 1824), p. 226, fragment reproduit dans Hammond, *The ancient liturgy of Antioch* (Oxford, 1879), p. 51.

10° Des fragments déchiffrés par Bunsen dans un manuscrit de Saint-Gall ; ils ont été publiés par ce liturgiste dans ses *Analecta ante-Nicoena*, t. III, qui comprend les *Reliquiae liturgicae cum appendicibus* (Londres, 1854), p. 263. Hammond a réimprimé ces fragments dans sa brochure *The anc. liturgy of Antioch*, p. 53.

Puissent les savants enrichir encore par d'heureuses découvertes cette liste de documents aujourd'hui d'autant plus précieux qu'ils sont plus rares : « *Colligite fragmenta ne pereant!* » (*Joan.* VI, 12.)

APPENDICE

ÉTUDE BIOGRAPHIQUE
SUR JEAN CASSIEN DE SERTA
Abbé de Saint-Victor de Marseille
Premier législateur du monachisme en Occident.

I

La véritable patrie de Cassien

« *Cassianus, natus Serta.* »
(GENNADIUS, *De vir. illus.*, 61.)

On ignore jusqu'ici le lieu et la date précise de la naissance de Cassien, « cet homme illustre en toute sa vie ! » Gennadius de Marseille, dans son *De viris illustribus,* écrit de 467 à 480, ouvre, suivant le texte reçu, sa trop brève notice sur le grand abbé de Saint-Victor en ces termes : « *Cassianus natione Scytha*, Cassien était Scythe de nation ». Sur ce vague renseignement, certains érudits ont soutenu à la suite de Tillemont (1), que Cassien était originaire de la petite Scythie *(Scythia minor)* dans la région voisine de l'embouchure du Danube connue aujourd'hui sous le nom de Dobroudja. Cependant, Bulteau ne laissait pas d'insinuer que Cassien pouvait être aussi bien de Scythopolis (Beïsan) en Palestine, puisque, dès sa jeunesse, il fut élevé dans un monastère de cette province (2), opinion qui a été reprise et fortement défendue naguère par Dom. A. Ménager, O. S. B. (3). D'autres savants, considérant la maîtrise de Cassien dans la pratique de la langue latine, ont préféré admettre avec Holstenius (4) et le cardinal Noris, que le grand abbé de Marseille a dû naître en Gaule, et d'une manière plus précise en Provence. Telle fut aussi

---

(1) TILLEMONT, *Mémoires pour servir à l'histoire ecclésiastique*, t. XIV, p. 740.
(2) BULTEAU, *Essai de l'histoire monastique d'Orient* (Paris, 1680), p. 146.
(3) Dom A. MÉNAGER, O. S. B., « La patrie de Cassien », dans *Echos d'Orient,* juill.-sept. 1921, p. 330-358. J'ai présenté dans le fascicule suivant de la même revue quelques observations sur l'étude de ce docte Bénédictin. Cf. J. THIBAUT, « Autour de la patrie de Cassien », *Echos d'Orient,* oct.-déc. 1921, p. 447-448.
(4) HOLSTENIUS, *Codex regularum monasticarum* (Rome, 1661), c. III.

l'opinion de M. Petschenig, le dernier éditeur des œuvres de Cassien dans le *Corpus* de Vienne. En cours de travail, ce savant prit soin d'examiner les manuscrits du *De viris* de Gennadius pour voir s'il ne se serait pas glissé une faute de transcription dans la phrase initiale de sa notice sur Cassien. Or, tel était bien le cas, Petschenig dut constater, en effet, que nombre de manuscrits, entre autres ceux de Bamberg, de Berne, de Paris, portaient en toutes lettres : « *Cassianus natus Serta,* Cassien natif de Serta. » Relevons ici les termes mêmes dans lesquels est formulée cette importante constatation : *Certe libri recentiores Gennadii ut Bambergensis et Bernensis, tum Parisinus Cassiani exhibent natus Serta* (1). Et l'auteur de s'en tenir là, sans plus chercher à tirer parti de sa découverte, le mot *Serta* lui paraissant, comme à bien d'autres depuis, aussi dépourvu de sens que celui de *Scytha.* Il convient donc de rappeler que *Serta,* identifiée par certains avec *Tigranocerta,* ville de la Gordyène en Arménie, est représentée actuellement par la petite ville de *Sert* ou *Séert* dans le Diabékir, sise sur les bords riants du Kabour, l'ancien Nicephorius, un des plus beaux affluents du Tigre. Reste maintenant à prouver d'une façon qui ne laisse rien à désirer, que la ville de *Serta* en Gordyène, sur les confins de l'Assyrie et de la Mésopotamie, est bien la patrie de Cassien.

Et d'abord, dans son style d'une rare précision, Cassien, chaque fois qu'il se plaît à mentionner son pays d'origine et celui de son ami Germain, dit expressément : « *Provincia nostra,* notre province », où résident nos parents (2); ou encore, *Patria,* « notre patrie » (3), et plus familièrement : « Chez nous » (4). Entend-il parler de la Gaule et de la Provence en particulier, il dit : « *hac provincia,* cette province » (5), ces régions, ce pays, ces contrées occidentales de la Gaule (6). Lorsqu'il en vient à rappeler le souvenir de la Palestine et de son cher monastère de Bethléem, il précise de même : « Au pays de Palestine » (7), dans les monastères de Palestine, en notre monastère, notre monastère de Syrie (8). Enfin, a-t-il en vue l'Egypte et la Thébaïde, il dit toujours : « ces provinces, ces régions de l'Egypte » (9). Ainsi donc, Cassien marque fort bien par le choix des termes qu'il emploie, que sa patrie n'est ni la Provence, ni la Palestine, ni l'Egypte. Par ailleurs, comme il se compare dans sa lettre à l'évêque Castor, à l'*alienigena* des Ecritures, à cet Hiram de Tyr, « homme plein de sagesse, d'intelligence et de doctrine » (10), que Salomon

---

(1) M. Petschenig, dans *Corp. script. eccles. lat.* (Vienne, 1886-1888), t. XVII, *Proleg.*, p. II.

(2) *Coll.*, XXIV, 1 : « *Ad repetendam provinciam nostram.* »

(3) *Coll.*, III, 2 : « *patriam relinquentes* »; *Coll.*, XXIV, 8.

(4) *Inst.*, IV, 21.

(5) *Inst.*, II, 8; III, 5; IV, 11.

(6) Lettre-préface à l'évêque Castor.

(7) *Inst.*, II, 7.

(8) *Inst.*, III, 2, 4, 31, 32; *Coll.*, VI, 1; *Coll.*, XVII, 2-5, 10, 13, 30; *Coll.* XIX, 11.

(9) *Inst.*, I, 4, *Ibid.*, II, 5 : « *In Ægypti partibus* ».

(10) *III Reg.* VII, 13-14.

avait appelé dans son Conseil, ne semble-t-il pas suggérer par là qu'il
était originaire de l'Orient ? Il est dès lors expédient de chercher
à découvrir, par l'examen de ses œuvres, de quelle contrée et de quelle
province.

C'est dans sa XXIVe conférence, que Cassien nous donne sur son pays
d'origine de précieux renseignements. De concert avec son ami Germain,
il s'en furent, un jour, trouver le saint abbé Abraham auquel ils expo-
sèrent leur état de conscience. Voici, lui dirent-ils, qu'ils brûlaient chaque
jour en leur âme du désir de regagner leur province et de revoir leurs
parents (1), que le motif de ces aspirations, c'était le souvenir de leur religion et de leur piété. Ceux-ci ne mettraient point d'obstacle à leur genre
de vie; bien au contraire, en leur fournissant abondamment le nécessaire,
ils les délivreraient de tout souci des choses matérielles et favoriseraient
ainsi leurs progrès spirituels. « De plus, ajoutaient-ils, nous repaissions
notre âme de l'espérance de vaines joies en pensant recueillir un grand
fruit par la conversion d'un bon nombre de personnes que nos exemples
et nos avis amèneraient dans la voie du salut. Alors, le site même de ces
lieux qui renfermaient le domaine héréditaire de nos ancêtres, la riante
aménité de ces régions se peignaient à nos regards, régions faites
à souhait et si convenables par l'étendue de leurs solitudes, que les
retraites des forêts devaient faire non seulement les délices d'un moine,
mais encore lui fournir les principales ressources de sa subsistance. » (2)
Enfin, ce qui poussait par-dessus tout Cassien et Germain à regagner
leur pays pour y mener plus commodément la vie anachorétique, c'était
leur désir d'éviter les visites des Frères, visites qui les empêchaient de
s'ensevelir à leur gré dans la retraite et le silence, cependant qu'elles
leur imposaient encore l'obligation de rompre le cours de l'abstinence.
Or, concluaient-ils, « nous sommes bien persuadés que cela ne pourrait
en aucune façon se produire dans notre province, où il n'est pas possible
de rencontrer, ou certes, très rarement, un homme exerçant cette profession d'anachorète ». (3)

-----

(1) *Coll.* XXIV, 1 : « *Ad repetendam provinciam nostram atque ad revisendos
parentes cotidianis animae aestibus urguebamur* ».

(2) « *Insuper etiam spe inanium gaudiorum animas pascebamus, credentes nos
fructum maximum percepturos de conversione multorum, qui velut nostro essent
ad viam salutis exemplo ac monitis, dirigendi. Tunc praeterea ipsorum locorum
situs, in quibus erat maioribus nostris avila possessio, ipsarumque amaenitas
iucunda regionum ante oculos pingebatur, quam grate et congrue solitudinis
spatiis tenderetur, ita ut non solum delectare monachum possent secreta silvarum,
sed etiam maxima victus praebere compendia.* » (*Coll.*, XXIV, 1.)

(3) « *Etiam haec vel maxima extitit causa, quod interdum a fratribus frequen-
tati iugi secreto ac diuturno silentio secundum desiderium nostrum nequaquam
possumus inhaerere. Per quod necesse est cursum atque mensuram cotidianae
continentiae nostrae, quam pro castigatione corporis indisruptam perpetuo cupi-
mus retentare, nonnulis fratribus supervenientibus intercidi. Quod sine dubio
nullatenus in nostra provincia credimus eventurum, in qua aut nullum aut certe
rarissimum professionis huius virum invenire possibile est.* » (*Coll.*, XXIV, 18.)

L'abbé Abraham n'eut pas de peine à démontrer à Cassien et à son ami Germain qu'ils étaient dans l'illusion. Il nous suffira de relever ici deux passages importants de son discours. Comparez, leur dit-il, les coutumes de votre pays avec celles du nôtre, puis considérez de part et d'autre le degré de vigueur morale des habitants, résultat de leur persévérance dans la vertu ou le vice. Ce qui paraît dur et impossible à un homme de telle contrée, une habitude invétérée a pu en faire pour un autre comme une seconde nature. Il est des peuples séparés par une grande variété de climat, qui savent endurer, sans vêtements, l'extrême rigueur du froid où les ardeurs du soleil. Mais ceux qui n'ont pas l'expérience d'un ciel aussi inclément demeurent incapables de supporter ces températures excessives, quelque robustes qu'ils soient. « Ainsi en est-il de vous deux, qui, dans cette région du moins, vous efforcez avec une grande vigueur d'esprit et de corps de combattre en bien des points le naturel de votre patrie. Examinez attentivement si, dans ces régions engourdies, à ce qu'on rapporte, et comme glacées par le froid d'une excessive infidélité, vous pourrez, pour ainsi dire, supporter cet état présent de nudité » (1), ce dépouillement moral qui se pratique chez nous. Et l'abbé Abraham, sur la fin de son entretien avec Cassien et Germain, de les presser par une raison surnaturelle de renoncer à leur vain projet : « Celui-là, leur dit-il, qui s'appuie sur ses biens et ses richesses d'autrefois ne parviendra sûrement ni à l'entière humilité du cœur ni à la parfaite mortification des plaisirs des sens. Or, grâce au secours de ces vertus, autant les épreuves de la vie présente et les pertes que l'ennemi peut nous infliger se supportent, je ne dirai pas seulement avec la plus grande patience, mais avec la joie la plus vive, autant leur absence favorise en nous la croissance des mauvais penchants, et pour un rien, nous voilà blessés par les traits mortels de l'inconstance. C'est alors que le prophète Jérémie nous adresse ces paroles : *Et maintenant, qu'as-tu à faire sur la route d'Egypte, pour aller boire de l'eau bourbeuse ? Et qu'as-tu à faire sur la route de l'Assyrie, pour aller boire de l'eau du fleuve ? Ta malice t'accusera, et ton éloignement te reprendra. Sache et reconnais qu'il est dommageable et fâcheux pour toi d'avoir abandonné le Seigneur ton Dieu, et que ma crainte ne soit plus en toi, dit le Seigneur.* » (2)

La lecture de ce dernier passage fut pour moi un trait de lumière. Pour celui qui sait d'expérience à quel degré les anciens possédaient la science des Ecritures et avec quel à-propos ils les citaient, il saute aux yeux avec une évidence absolue que le texte de Jérémie ci-dessus invoqué avait en la circonstance une application topique. Cassien et Germain sont tentés

---

(1) *Coll.*, XXIV, 8 : « *Ita etiam vos qui summo animi et corporis nisu in hac regione dumtaxat quasi naturam patriae vestrae in multis impugnare conamini, diligenter expendite, utrum in illis torpidis, ut fama est, regionibus et velut frigore nimiae infidelitatis obstrictis hanc, ut ita dixerim, nuditatem sustentare possitis.* »

(2) *Jer.* II, 18-20.

d'abandonner les voies du Seigneur pour retourner dans leur pays d'origine, au risque de n'y trouver qu'une amère déception : *Qu'ont-ils à faire sur la route d'Égypte et sur celle d'Assyrie ?* Ne voilà-t'il pas clairement indiqués quels sont les deux points extrêmes du voyage qu'ils veulent entreprendre ? A coup sûr, pensé-je, *Serta* doit se trouver dans la région de l'Assyrie. Le temps de prendre l'atlas de Levasseur, de l'ouvrir et d'y chercher du doigt cette ville soi-disant inconnue, et, sur-le-champ, mon index s'arrêta sur le mot *Tigranocerta*. Me reportant aussitôt sur une carte générale de la Turquie d'Asie, j'eus la joie d'y lire à l'endroit indiqué le nom bref de *Séert*. Il nous reste maintenant à savoir si cette ville antique répondait jadis et répond encore en partie, eu égard à sa situation, à toutes les indications que nous avons recueillies dans la XXIV° conférence.

En premier lieu, Cassien et Germain, désireux de retourner dans leur province natale, où ils pensaient trouver auprès de leurs pieux et riches parents toutes sortes de facilités pour s'adonner à la vie anachorétique, avaient également en vue la conversion de leurs concitoyens. La renommée, en effet, représentait ce pays comme engourdi par le froid d'une excessive infidélité, *nimiae infidelitatis*. Le mot *infidelis*, comme le marque du Cange, désigne d'abord l'infidèle, celui qui n'a pas la foi, le païen ; *infidelis*, c'est encore celui qui manque de fidélité soit à son prince, soit à ses engagements envers les hommes et envers Dieu. C'est surtout suivant la première acception qu'il faut prendre ici les termes de *nimiae infidelitatis* employés à bon escient par l'abbé Abraham. Au IV° siècle, La Gordyène, après avoir fait successivement partie des empires d'Assyrie et d'Arménie, était tombée par malheur sous le joug de la Perse. Dans son jeune âge, Cassien avait pu être témoin des ravages causés par la « grande persécution » de Sapor II (380). Les successeurs de ce prince, tous mazdéistes zélés : Artaxerce II (380-384), Sapor III (384-389), Bahram III (389-399), ne laissèrent pas de tourmenter également leurs sujets afin de les détacher tout ensemble du christianisme et de l'alliance des Romains. L'Eglise compta pour lors des milliers de martyrs (1), cependant qu'elle eut à déplorer parmi les siens bien des infidélités. Complètement désorganisée par cette terrible épreuve, il lui fallut attendre, pour se reconstituer, l'avènement du dernier des Sassanides, Yezdedjed Ier (399-420), qui conserva la paix avec les Romains et protégea les chrétiens. C'est à partir de cette époque, sans doute, que les chrétiens de Mésopotamie et de la Chaldée, qui se réclamaient du patriarcat d'Antioche, renoncèrent à leur nom de Chaldéens pour s'intituler Syriens *(Souraye)*, afin de mieux se distinguer des païens et des sectateurs de Zoroastre.

En second lieu, Cassien et Germain représentaient leur pays d'origine comme très favorable à l'exercice de la vie d'anachorète : le domaine héré-

---

(1) On sait, dit Sozomène, les noms de 1600 chrétiens qui tombèrent victimes de ces persécutions ; mais, ajoute-t-il avec saint Maruthas, le nombre de ceux dont on ignore les noms est incalculable (Soz., *Hist. Eccl.*, II, 15.)

-ditaire de leurs parents était situé dans une région d'une rare aménité, offrant de nombreuses et vastes solitudes dans les retraites des forêts qui leur fourniraient en fruits sauvages les principales ressources de leur subsistance. L'existence de ces forêts est encore attestée par Cassien au livre IV, ch. xxi, de ses *Institutions cénobitiques*. Il y raconte le dévouement de certains Frères semainiers qui, à défaut de bois dans leur monastère de Bethléem, s'en furent chaque jour, à la recherche de quelques broussailles, au désert de Judée dans la direction de la mer Morte. Dans ces lieux arides et stériles, dit-il incidemment, « il n'y a pas de forêts comme chez nous ».

Au cours de ma vie de missionnaire, il m'a été donné de visiter tous les lieux indiqués comme étant la patrie de Cassien : La Provence et l'abbaye de Saint-Victor à Marseille, la Dobroudja, de Tomi, aux bouches du Danube, et Scythopolis de Palestine où j'ai planté ma tente ; il ne me manque, à la vérité, que d'avoir vu *Serta* et la Gordyène ! Force nous est donc de recourir à ce sujet, aux renseignements fournis par les ouvrages d'histoire et de géographie. La Gordyène, nous apprend Bouillet, fait aujourd'hui partie du Kurdistan et plus spécialement du Diarbékir, un des quatre pachaliks de l'Algésireh (Mésopotamie). En voici les principales caractéristiques : « Montagnes au Nord, cours d'eau nombreux, célèbres mines d'or, forêts, sol fertile, aspect riant ou pittoresque. Ce pays est si beau qu'on y a placé le paradis terrestre. Mais l'imperfection du gouvernement turc et les dévastations des Kurdes et autres hordes rendent ces beaux lieux misérables. » (1) A vrai dire, le Kurdistan est une région froide. Le climat du Diarbékir, en particulier, est chaud et sec dans les vallées, froid dans les montagnes, ce qui explique aussi bien l'allusion de l'abbé Abraham touchant le froid moral de l'extrême infidélité qui sévissait alors dans la patrie de Cassien. Hélas ! le froid rigoureux de l'infidélité n'a pas cessé de régner en ces régions naguère encore ensanglantées par le cimeterre turc comme au temps de la « grande persécution » de Sapor.

Enfin, Cassien et son ami Germain trouvaient encore un sérieux avantage à s'établir dans leur pays pour y mener la vie monastique : celui de n'être point dérangés par la visite des Frères, car, assuraient-ils à bon escient, « il n'est pas possible de rencontrer en ces lieux, ou certes très rarement, un homme exerçant la profession d'anachorète ». Ici, nous n'avons qu'à accepter sans plus le témoignage de Cassien qui n'était pas sans recevoir en Égypte des nouvelles de ses parents. Il convient, d'ailleurs, de joindre à cette déclaration on ne peut plus expresse de Cassien cette affirmation analogue de l'abbé Piamon au cours de la XVIIIe conférence sur les trois principales catégories de moines. Le saint abbé y rapporte (c. vii) que sous le règne de l'empereur arien Valens, ayant été chargé de porter le fruit d'une collecte de charité aux moines égyptiens

---

(1) Cf. BOUILLET, *Dict. universel d'Hist. et de Géographie*, s. v. Algésireh, Gordyène, Diarbékir.

qui avaient été relégués dans les mines du Pont et de l'Arménie à cause
de leur fidélité à la foi catholique, il lui fut donné alors de constater en
quelques villes de rares indices de vie cénobitique, mais pour ce qui est
des anachorètes, ajoute-t-il, « je ne sache pas que le nom même de cette
profession y ait jamais été entendu ».

Il nous est facile maintenant de comprendre pourquoi, dans la IIIe conférence de l'abbé Paphnuce, nous voyons le saint prêtre de Scété féliciter
Cassien et Germain, lors de leur premier voyage en Égypte, de ce qu'ayant
quitté leur patrie, ils ont parcouru pour l'amour du Seigneur tant de provinces *(tot provinciis)*, afin de s'efforcer d'un si grand cœur à supporter le
dénuement du désert avec son immense solitude en vue d'imiter la vie
des anachorètes (1). Il convient également de souligner dans le texte
invoqué la portée du mot *perlustrati*. Ce grand nombre de contrées que
Cassien et Germain ont dû traverser pour venir de leur patrie en Égypte,
ils les ont parcourues non en simples voyageurs, mais en visiteurs, ce qui
nous donne à entendre que la majeure partie de leur pérégrination s'est
effectuée par voie de terre. Dans ces conditions, leur pays d'origine ne
pouvait donc être encore une fois ni la Palestine I^e (Scythopolis), ni la
Province romaine des Gaules (la Provence), ni la Petite Scythie (la
Dobroudja). Car, de toutes façons, en partant de l'une ou l'autre de ces
contrées pour se rendre à Bethléem et de là en Égypte, Cassien et son
ami n'auraient jamais eu à traverser qu'une seule province : celle de la
Palestine IIe. Il en va tout autrement si l'on fixe leur point de départ en
Arménie. Ainsi l'origine de notre héros se décèle et se vérifie de toutes
parts, il est temps de nous rendre à l'évidence en souscrivant au témoignage authentique de Gennadius de Marseille : Cassien était bien natif
de Serta en Gordyène, *Cassianus, natus Serta* (2).

L'origine chaldéenne de Cassien une fois établie, notre attention se portera avec intérêt sur ses nombreuses citations de textes bibliques relatifs
à la Babylonie, à l'Assyrie, à la Mésopotamie. Qu'il nous suffise de mentionner la VIIIe conférence sur les principautés et les puissances adverses,
et notamment le chapitre xxi, où l'auteur rappelle l'alliance des enfants de
Seth, qui avaient mérité le nom de fils de Dieu *(bené elohim)*, avec les
enfants de Caïn appelés fils des hommes. Par suite de cette alliance impie,
la connaissance de la vraie religion s'oblitéra. C'est alors qu'on vit appa-

---

(1) *Coll.*, III, 2 : « *Cum propositum nostrum praedicare coepisset, quod scilicet
patriam relinquentes tot provinciis pro amore Domini perlustratis...* »

(2) La ville de *Seri* ou *Séert* est actuellement le siège d'un archevêché chaldéen catholique dont le dernier titulaire fut Mgr Addaï Scher, orientaliste distingué, assassiné par les Turcs en 1917. Les Pères Dominicains avaient établi
dans cette métropole une mission florissante et des écoles dont une pour les
jeunes filles, dirigée par les religieuses de la Présentation de Tours. Ces œuvres
d'apostolat ont été malheureusement supprimées par suite de la guerre de 1914.
L'Annuaire pontifical catholique a publié en 1914, p. 449-525, et en 1917, p. 464-473,
deux études fort documentées de l'abbé Joseph Tfinkdji, prêtre chaldéen de
Mardin, sur l' « Eglise chaldéenne catholique » et sur l' « Eglise chaldéo-
nestorienne » dans l'état où elle se trouvait en 1913.

raître « l'art surprenant des maléfices, les prestiges et les pratiques super-stitieuses de la magie ; les descendants de cette génération apprirent d'elle à délaisser le culte sacré de la majesté divine pour adorer les éléments, le feu et les démons de l'air ». Comment ne pas voir ici une allusion directe au mazdéisme, qui vouait un culte aux éléments, au feu en particu-lier, et aux démons de l'air ? On sait aussi la place importante que la sor-cellerie, les conjurations, la magie occupaient chez les Babyloniens et les Assyriens. Le passage où Cassien, sous le nom de l'abbé Serenus, explique comment les sciences occultes n'ont pas péri dans le déluge est d'autant plus remarquable qu'il y fait appel à des traditions anciennes qui survi-vaient de son temps dans la croyance populaire, et dont on ne trouve trace nulle part ailleurs dans la littérature ecclésiastique. « A ce que rap-portent d'antiques traditions, dit-il, Cham, fils de Noé, avait été initié à cette superstition et à ces artifices criminels. Sachant bien qu'il ne pou-vait introduire dans l'arche où il devait entrer avec son père, qui était un juste, et ses pieux frères, un écrit qui en conservât le souvenir, il en grava les recettes perverses et les inventions détestables sur des plaques de métal et sur des pierres très dures. Après le déluge, il se mit à la recherche de son dépôt avec le même soin qu'il avait apporté à le dissimuler, et put ainsi transmettre à sa postérité une semence perpétuelle de sacrilège et de dépravation. » Assurément, une tradition populaire de ce genre a sa place bien indiquée dans les régions de l'Arménie, et tout particulièrement dans celle de la Gordyène.

II

Carrière monastique de Cassien

D'après la chronologie généralement adoptée, Jean Cassien de Serta, en Gordyène, serait né au temps de Sapor II et de l'empereur Valens, vers 365-370 (1), d'une famille noble possédant des biens héréditaires et jouissant d'une grande fortune. Il reçut dès son jeune âge une éducation très soignée, avouant lui-même modestement combien, par la suite, il avait eu de la peine à écarter de son esprit le souvenir importun des auteurs profanes : « Cette connaissance des lettres que je parais avoir légèrement acquise, j'y ai été, par mon application, plongé de telle sorte, soit par l'insistance du pédagogue, soit par une lecture continuelle, que maintenant mon esprit est comme infecté par les œuvres des poètes. La frivolité de leurs fables *(Odyssée)*, les récits de leurs guerres *(Iliade)*, dont j'ai été imbu dès le bas âge avec les premiers rudiments des études, me préoccupent encore dans le temps même de la prière. » (2)

---

(1) J'adopte personnellement cette dernière date en prenant pour base celle de la venue de Cassien en Egypte. Voir plus loin, p. 12, note 5.

(2) « *Coll.*, XIV, 12 : *Illam quam lenuiter videor adtigisse notitiam litterarum, in qua me ita vel instantia paedagogi vel continuae lectionis maceravit intentia, ut nunc mens mea poeticis illis velut infecta carminibus illos fabularum nugas*

Le fait extraordinaire, établi par nous, que Cassien a introduit dans son monastère de Marseille certaines particularités liturgiques communes à l'Église d'Éphèse et à l'Église chaldéenne qui en a si heureusement maintenu l'observance jusqu'à nos jours, semble bien indiquer qu'il était Chaldéen d'origine. Quel qu'ait été son idiome propre, il est manifeste qu'il reçut une culture grecque, ce qui l'autorisera, dans sa lettre à l'évêque Castor, à se prononcer sur la qualité prédominante du style de saint Basile, et ailleurs, d'apprécier l'élocution élégante de l'abbé Joseph (*Coll.*, XVI, 1), voire même de corriger la traduction imparfaite de tel passage des Épîtres de saint Paul (1). Très versé également dans la connaissance de la langue latine, ce lui fut, néanmoins, déclare-t-il à Léonce, évêque de Fréjus, une difficulté des plus grandes que d'avoir à rédiger ses conférences en latin (2). Aussi bien n'hésite-t-il pas à employer souvent le mot grec qu'il définit toujours si exactement, et à le latiniser au besoin, d'où il résulte évidemment qu'il pensait et écrivait en grec.

Étant encore à l'âge de l'adolescence *(a pueritia, a parvulis)* (3), Cassien, hanté du noble souci de connaître la science de Dieu et de conserver la pureté de son âme (4), résolut, à l'exemple d'Abraham, *de sortir de son pays, de sa parenté et de la maison de son père,* pour aller pratiquer la vie de renoncement en Palestine (5). Avec l'agrément de ses pieux parents, il sollicita, vers 388, son admission dans un monastère de Bethléem « situé non loin de la grotte où Notre-Seigneur daigna naître de la Vierge » (6).

A y regarder de bien près, peut-être avons-nous dans le chapitre XXIX du livre IV des *Institutions cénobitiques* le récit très circonstancié et plein d'effusion du support généreux de l'épreuve initiale imposée à Cassien à son entrée au monastère :

« Je ne passerai pas non plus sous silence le cas d'un Frère à moi bien connu, qui appartenait selon le monde à une très grande famille. Il était fils d'un riche comte et avait reçu une éducation très soignée. Ayant quitté ses parents, il s'empressa d'entrer au monastère. Afin d'éprouver l'humilité de son âme et l'ardeur de sa foi, l'abbé lui ordonna sur-le-champ de prendre sur ses épaules dix corbeilles et de les colporter par les rues, alors qu'il n'y avait nulle nécessité pourtant de les vendre publiquement. Dans le but de le retenir plus longtemps en cet office, l'abbé ajouta cette

---

historiasque bellorum, quibus a parvulo primis studiorum inbuta est rudimentis, orationis etiam tempore meditetur. »

(1) Dans ses *Institutions cénobitiques*, chap. V, 16, Cassien fait observer avec justesse que « certains n'entendent pas le texte de l'Apôtre : *I Cor*, X, 13, et mettent l'optatif au lieu de l'indicatif ». L'auteur de la Vulgate adopte, en effet, dans ce passage la forme optative qui n'est pas celle de l'original grec.

(2) *Praef. ad Coll.*, I-X : « ...et quod maius est, latino disputantes eloquio vobis exhibere possimus ».

(3) *Praef. ad Inst.*, 4; — *Coll.*, XVII, 7.

(4) *Coll.*, I, 8.

(5) *Coll.*, III, 6, 22.

(6) *Inst.*, III, 4; IV, 31; *Coll.*, XI, 5.

prescription : Si, par hasard, quelqu'un s'offrait à acheter toutes les corbeilles à la fois, de ne point y consentir, mais de les vendre une par une aux amateurs. Ce que le Frère fit avec dévouement. Foulant aux pieds la confusion par amour et désir du Christ, il prit les corbeilles sur ses épaules, les vendit au détail suivant le prix arrêté, et rapporta l'argent au monastère. Il ne craignit point un emploi aussi vil et inaccoutumé, il ne considéra point l'indignité de l'action, les difficultés de la vente, ni l'éclat de sa naissance, tant il désirait obtenir, par la grâce de l'obéissance, l'humilité du Christ qui constitue la vraie noblesse ! »

Au chapitre XXI du même livre, Cassien s'était déjà plu à citer un bel exemple de dévouement donné par les Frères semainiers de son monastère de Bethléem. Ayant à se mettre lui-même en cause, il prend soin de glisser son cas entre plusieurs traits empruntés aux anciens qui se sont distingués dans la pratique de la vertu d'obéissance. On remarquera tout d'abord la périphrase habituelle jetée comme un manteau sur le moi haïssable : « Je ne passerai pas non plus sous silence le cas d'un Frère à moi bien connu ! » (1) Ce cas, à vrai dire, ne présente en soi rien de bien extraordinaire, comparé aux rudes épreuves infligées en Égypte à tout postulant qui sollicitait, dix jours durant, à la porte d'un monastère, la faveur de son admission au nombre des serviteurs de Dieu. De plus, en Égypte, les monastères étaient situés hors des cités et des bourgs, en quelque solitude désertique (2). A Bethléem, au contraire, le monastère de Cassien se trouvait à la porte de la ville. Aussi bien, dans le cas qui nous occupe, ledit Frère postulant n'a-t-il pas à se rendre dans une ville voisine pour y exécuter l'ordre reçu, il n'a qu'à parcourir les rues de celle où il se trouve. Mais alors, pour peu qu'il y ait été connu, étant donné l'éclat de sa haute naissance, on n'a plus de peine à comprendre le mérite de son obéissance rehaussé par une noblesse de sentiments qui fut toujours celle de Cassien.

A peine initié pendant un noviciat de deux années aux rudiments de la vie cénobitique, Cassien, de plus en plus épris de l'idéal monastique, sollicita de ses supérieurs, de concert avec son compatriote et inséparable ami Germain, la faveur de visiter, ne fût-ce qu'en courant, les saints et les monastères de l'Égypte, quittes à faire le plus prompt retour (3). Ce à quoi ils s'engagèrent « par promesse en présence de tous les Frères, dans la grotte sanctifiée par la royale et radieuse naissance de Notre-Seigneur du sein de la Vierge » (4). Munis de l'autorisation de leur abbé, Cassien et Germain s'embarquèrent pour l'Égypte vers 390 (5). Ils débarquèrent

---

(1) Cassien traite précisément de ce genre de périphrase dans sa Conférence XVII, c. 24. Il y approuve avec l'abbé Joseph cet artifice de langage et s'écrie : « Plût au ciel qu'il y eût dans notre vie quelque trait qui valût la peine d'être proposé aux jeunes pour exciter leur foi ! »

(2) *Coll.*, XXII, 4.

(3) *Coll.*, XVII, 2.

(4) *Coll.*, XVII, 5.

(5) Cette date me paraît indiquée indirectement dans la Conférence XIV, 4,

à Tennesus, ville située sur l'une des bouches orientales du Nil. Leur intention était de pénétrer jusqu'au lointain désert de la Thébaïde (1), mais, sur les conseils du bienheureux Archébius, évêque de Panephysis, ils se décidèrent à visiter tout d'abord les solitaires qui vivaient non loin de là dans les îlots perdus au milieu des marais salés. C'est en ces lieux qu'ils recueillirent les enseignements de trois anachorètes parvenus aux dernières limites de la vie humaine : les saints abbés Chérémon, Nesteros et Joseph. Le genre de vie plus encore que les discours de ces hommes de Dieu ne tarda pas à démontrer à nos jeunes pèlerins quel était le meilleur parti à prendre pour assurer leur avancement dans la perfection, mais la parole donnée à leurs supérieurs ne les laissait pas libres de l'embrasser. De plus, se décidaient-ils à s'acquitter de leur promesse, ils craignaient fort qu'une fois rentrés dans leur monastère, on ne leur accordât point la permission de revenir en Égypte afin d'y suivre la profession d'anachorète (2). En proie au plus grand des embarras, Cassien et Germain décidèrent de s'en ouvrir à l'abbé Joseph, dont le mérite autant que le nom rappelait la vertu et la sagesse de l'ancien patriarche d'Israël sur la terre des Pharaons. Le bienheureux abbé réussit à calmer leurs scrupules, si bien qu'ils se résolurent à prolonger une absence si profitable à leur avancement spirituel, absence qui devait durer sept années entières !

Dans leurs entretiens spirituels avec les trois illustres vieillards, nos amis ayant appris qu'il y avait dans la région désertique de Diolcos, située sur la bouche sébennytique du Nil, nombre de monastères établis par les Pères les plus anciens, sans tarder davantage, tels des commerçants avides de s'enrichir, dit Cassien, l'espoir d'un gain plus considérable nous fit comme tenter la chance d'un voyage à la découverte (3). Ainsi furent-ils heureux de faire en ces régions une expérience plus complète de la vie cénobitique et anachorétique, sous la haute direction des abbés Piamon, Jean, Pinuphe, Théonas et Abraham.

Cependant, la renommée du désert de Scété, « le paradis de la vie parfaite » (4), attirait nos deux pèlerins. Emportés par leur sainte ardeur dans la poursuite de la perfection monastique, ils abandonnèrent bientôt la région du Delta, et, remontant le Nil jusqu'à la hauteur de Memphis, ils gagnèrent à l'ouest du fleuve, en passant devant les Pyramides, le

---

où l'abbé Chérémon fait mention du bienheureux Maçaire, « homme d'une mansuétude et d'une patience extraordinaires », comme étant récemment décédé. Il s'agit ici de Macaire l'Egyptien ou l'Ancien, qui mourut, en effet, en 390, et non de Macaire d'Alexandrie, son contemporain, décédé en 394. Du reste, dans le chapitre III de la XV° Conférence, où il est question d'un miracle insigne opéré par Macaire l'Egyptien (miracle rapporté par Socrate, Sozomène, Pallade et Rufin), ce grand fondateur de Scété est également tenu pour défunt par le narrateur, l'abbé Nesteros.

(1) *Coll.*, XI, 1.
(2) *Coll.*, XVII, 2.
(3) *Coll.*, XVIII, 1.
(4) *Coll.*, I, 1.

désert brûlant de Scété. C'est là qu'ils devaient séjourner le plus long-temps (1). Dans l'intervalle, Cassien et Germain visitèrent, à quatre-vingts milles de là, les monastères disséminés entre les rochers, dans les laures ou ravins de la montagne de Nitrie, poussant même jusqu'au monastère des Cellules, ainsi nommé à cause de la multitude des cellules ou refuges des solitaires qui s'y étaient établis.

C'est dans « leur monastère de Scété » (2) que nos deux frères en religion se formèrent le mieux à la vie anachorétique sous la haute discipline des abbés Moïse, Paphnuce, Daniel, Sérapion, Sérenus et Isaac. Mais le temps que l'on passe à s'exercer à la vie de renoncement s'écoule plus vite que celui qui se dissipe dans les plaisirs et les vains divertissements du monde. « Après sept ans révolus, dit Cassien, nous fîmes un rapide voyage à notre monastère de Bethléem, avec la ferme confiance, du reste, d'obtenir l'autorisation de retourner au désert. Cette visite nous permit d'abord de rendre à nos supérieurs l'honneur que nous leur devions. Or, telle était l'ardeur de leur affection à notre égard, que nos lettres d'ex-cuse, si fréquentes qu'elles fussent, n'avaient pas réussi à calmer leurs esprits. Nous eûmes ainsi le bonheur de voir se ranimer la charité d'au-trefois. Enfin, pleinement délivrés du scrupule que nous avait laissé notre ancien engagement, nous reprîmes le chemin du désert de Scété, et nos Pères eux-mêmes s'accordèrent la joie de nous faire un bout de conduite. » (3)

Il est à croire que Cassien et Germain profitèrent de leur nouveau séjour en Égypte pour mettre à exécution leur projet antérieur de visiter le loin-tain désert de la Thébaïde (4). Les *Institutions cénobitiques* nous montrent, en effet, qu'ils étaient des mieux informés des usages courants du monas-tère pakômien de Tabenne, situé près du Nil, entre les deux Diospolis (5). Combien de temps passèrent-ils à visiter ainsi les oasis de la sainteté? Nul ne saurait le dire. Le fait est qu'ils disparurent subitement de l'Égypte, selon toute apparence, à l'occasion des poursuites exercées en 401 contre les moines soupçonnés d'origénisme, par Théophile d'Alexandrie; tou-jours est-il que, vers 403, on trouve nos deux voyageurs à Constantinople auprès de saint Jean Chrysostome. Mais il faut encore placer avant cette date un voyage que Cassien fit dans sa patrie pour y voir sa sœur (6), peu après la mort de ses parents. C'est apparremment à cette occasion qu'il visita les monastères de la Mésopotamie et de la Cappadoce dont il parle en toute connaissance de cause à la fin de sa lettre-préface à l'évêque Castor et dans maints passages de ses *Institutions cénobitiques* (7).

A Constantinople, Cassien se vit imposer les mains par saint Jean Chrysostome qui lui conféra le diaconat. L'illustre archevêque était alors

---

(1) *Coll.*, VII, 2.
(2) *Coll.*, III, 1.
(3) *Coll.*, XVII, 30.
(4) *Coll.*, XI, 1.
(5) *Inst.*, II, 3, 4; IV, 1.
(6) *Inst.*, XI, 18.
(7) *Inst.*, III, 1, 3; IV, 17, 19.

en butte aux intrigues du patriarche d'Alexandrie, Théophile, favorisé par l'impératrice Eudoxie. Indignement déposé une première fois au conciliabule du Chêne, Jean fut tout aussitôt rétabli à la demande du peuple. Sa noble indépendance lui ayant valu d'être dépouillé de nouveau de sa dignité et exilé, en 404, le clergé fidèle de Byzance fit à Cassien et Germain l'insigne honneur de les déléguer à Rome auprès du Pape Innocent Ier, pour lui soumettre la défense de son incomparable pasteur.

Dans la Ville Éternelle, Cassien se lia d'amitié avec l'archidiacre Léon, le futur Pape qui protégera le monde civilisé contre Attila, et l'Église contre Nestorius et Eutychès. D'un passage des *Institutions*, l. III, ch. VI, on doit inférer que, leur mission terminée, les deux voyageurs entreprirent de visiter les principales églises de l'Italie. C'est de là qu'ils pénétrèrent en Gaule pour y chercher le « havre du repos ». Ils se fixèrent définitivement à Marseille, vers 410. Cassien, après avoir été ordonné prêtre, fonda aux abords de la cité phocéenne deux monastères : l'un pour les hommes, celui de Saint-Victor, l'autre pour les femmes, sous le vocable de Saint-Sauveur.

Digne émule des Antoine, des Pacôme et des Macaire sous le beau ciel de la Provence, Cassien se vit bientôt entouré d'une multitude de disciples, et en possession lui aussi de régir un corps de cinq mille moines accourus de toutes parts, fuyant la barbarie des destructeurs du monde romain pour se consacrer à la solitude sous la discipline ascétique d'un homme aussi éminent. Non content de présider une telle communauté, l'abbé de Saint-Victor contribua encore par son action et par ses ouvrages à la propagation de la vie monastique dans toute l'étendue de la Provence et dans les Gaules.

C'est à la requête de Castor, évêque d'Apt, désireux lui-même de fonder un monastère sur le modèle de celui de Marseille, que Cassien écrivit, entre 419 et 426, son ouvrage célèbre des *Institutions cénobitiques*. Il y traite, dans les livres I-IV, des us et coutumes des monastères de la Palestine, de la Mésopotamie, de la Cappadoce et de l'Égypte. Cette première partie, ainsi que je l'ai établi dans mon étude précédente, est d'un grand intérêt pour l'histoire de l'ancienne liturgie gallicane dont Cassien doit être considéré comme le véritable initiateur. Dans les livres V-XII, l'auteur traite de la lutte contre les huit principaux vices qui s'opposent à la profession de la vie monastique : la gourmandise, l'incontinence, l'avarice, la colère, la tristesse, l'oisiveté, la vaine gloire et l'orgueil. Cet ouvrage, dès lors, fut accepté dans tout l'Occident comme le code fondamental de la vie monastique. Aussi bien tous les premiers fondateurs d'Ordre y ont-ils puisé largement pour la rédaction de leurs propres institutions, à commencer par saint Benoît (1), dont la *Règle* à jamais stable, chef-d'œuvre de sagesse, devait faire oublier toutes les autres.

Le second ouvrage de Cassien, *les Conférences des Pères du désert,* obtint un succès encore plus grand et plus durable. Ces *Conférences,* au

---

(1) *Regula,* LXXIII.

nombre de vingt-quatre, rapportent les entretiens spirituels que Cassien et Germain avaient eus en Égypte avec les principaux maîtres de la vie céno- bitique et anachorétique. Cette œuvre, unique en son genre, se divise en trois parties publiées d'abord séparément. Les dix premières Conférences (I-X) avec les Pères du désert de Scété (1) furent rédigées vers 426. Elles sont adressées à Léonce, évêque de Fréjus, et au moine Hellade. Sept autres conférences (XI-XVII) des Pères du désert de Panéphysis datent de 426; elles furent dédiées à saint Honorat, fondateur de Lérins, élevé en cette même année sur le siège métropolitain d'Arles, et au « vénérable serviteur du Christ » Eucher, le futur évêque de Lyon.

C'est au cours de la XIIIe Conférence que Cassien a émis sous le nom de l'abbé Chérémon certaines opinions favorables à l'erreur des Semi- pélagiens, en voulant par trop approfondir le mystérieux problème de la nécessité de la grâce et du libre arbitre. Le dogme, sur ce point, en était encore à la période de discussion entre théologiens, et l'Église, avant que de le définir, devait attendre tout un siècle. Les Semi-pélagiens, en effet, ne furent définitivement condamnés qu'en 529 par le second concile d'Orange, présidé par saint Césaire d'Arles. N'importe, il reste que ce fut un grand malheur pour Cassien de ne s'être point accordé avec saint Augustin, le docteur attitré de la grâce. On sait avec quelle vigueur saint Prosper d'Aquitaine l'en reprit dans son livre *Contre le Conférencier,* auquel il décerne cependant, sans jamais le nommer, le titre de « doc- teur catholique » (2).

Enfin, les sept dernières Conférences (XVII-XXIV) des Pères du désert de Diolcos, écrites en 428, sont adressées, en manière de lettres de direc- tion, aux moines des îles d'Hyères : Jovinien, Minervus, Léonce et Théo- dore. Parmi ces « frères très saints » (3), les trois premiers s'étaient adonnés à la vie anachorétique; le dernier, Théodore, offrait l'exemple le plus parfait de la vie cénobitique à la tête du monastère dont il était lui- même le fondateur.

Dieu seul connaît tout le bien opéré jusqu'ici dans les âmes par ces *Conférences des Pères du désert.* Elles furent considérées durant les siècles de foi du moyen âge comme le manuel ascétique par excellence. Saint Benoît (4), Cassiodore (5), saint Jean Climaque, saint Grégoire le Grand, les ont fortement recommandées; saint Dominique, saint Thomas d'Aquin, Denys le Chartreux et tous les mystiques en ont subi l'attrait. On peut dire que ces colloques spirituels ont formé à travers les âges trente géné- rations de moines, et suscité plus de vocations à l'état de renoncement qu'elles ne renferment de lettres.

---

(1) Dans l'ordre chronologique de ces entretiens, les conférences I-X doivent être reportées après les conférences XI-XXIV.

(2) S. *Prop. Aquil. pro Augustino liber contra collatorem,* 11, 7 : « *Doctor catholice, cur professionem tuam deseris?* » (P. L., t. XLV. 1805.)

(3) Lettre-préface des conférences XVIII-XXIV.

(4) *Regula,* XLII; LXXIII.

(5) Cf. Cassiodori, *de inst. div. litt.,* XXIX, XXXII.

Après quinze siècles, malgré une passagère défaveur qui est tout au détriment de l'esprit monastique, elles font encore le charme de tous ceux qui ont le bon goût de les lire, bientôt surpris de se sentir pénétrés d'une onction surnaturelle qui n'émane que de l'âme des saints.

Sur le déclin de sa vie, Cassien composa son dernier ouvrage : *De l'Incarnation du Seigneur, contre Nestorius*. Cette réfutation de l'hérésiarque, écrite en 430-431 à la demande du grand archidiacre de Rome Léon, devait fermer la Gaule à l'erreur nestorienne et préluder ainsi au triomphe de la foi au concile œcuménique d'Éphèse. Telle fut la carrière monastique de Jean Cassien de Serta. La date exacte de sa mort, comme celle de sa naissance, est restée inconnue. On pense que le saint et illustre abbé passa doucement du grand silence du monastère à celui de la tombe vers 435. L'Église de Marseille, par privilège spécial, célèbre sa fête le 23 juillet, et l'Église grecque honore sa mémoire le 18 février. De nos jours encore, on vénère son tombeau dans les catacombes des martyrs de l'abbaye Saint-Victor, qui sont, au dire du savant archéologue de Rossi, « après Jérusalem et Rome, le lieu saint le plus remarquable ».

TABLE DES MATIÈRES

APPENDICE

ÉTUDE BIOGRAPHIQUE SUR JEAN CASSIEN DE SERTA

1929. — 1569-28. — Imp. « Maison de la Bonne Presse » (Sᵗᵉ Anⁿᵉ), 5, rue Bayard, Paris, 8ᵉ.

IMPRIMERIE
" MAISON DE LA BONNE PRESSE " (S. AN.
5, RUE BAYARD, PARIS-8e